河北省社会科学基金项目

全媒体视域下唐山抗震精神的传播构建

徐　露　王新红　石远鹏◎著

中国出版集团有限公司
China Publishing Group Co., Ltd.
现代出版社

图书在版编目（CIP）数据

全媒体视域下唐山抗震精神的传播构建 / 徐露，王新红，石远鹏著. -- 北京 : 现代出版社，2024. 12.
ISBN 978-7-5231-1220-5

Ⅰ. D632.5；C955.2

中国国家版本馆CIP数据核字第2025AW0487号

全媒体视域下唐山抗震精神的传播构建
QUANMEITISHIYUXIA TANGSHANKANGZHENJINGSHEN DE CHUANBOGOUJIAN

著　　者　徐　露　王新红　石远鹏

责任编辑　袁　涛
责任印制　贾子珍
出版发行　现代出版社
地　　址　北京市安定门外安华里504号
邮政编码　100011
电　　话　(010) 64267325
传　　真　(010) 64245264
网　　址　www.1980xd.com
印　　刷　三河市金泰源印务有限公司
开　　本　880mm×1230mm　1/32
印　　张　7.625
字　　数　151千字
版　　次　2025年5月第1版　2025年5月第1次印刷
书　　号　ISBN 978-7-5231-1220-5
定　　价　58.00元

序 PREFACE

我是唐山大地震的亲历者，参加过唐山抗震救灾工作。阅读完《全媒体视域下唐山抗震精神的传播构建》这册书稿后，感慨万分。作者邀我为该书作序，动笔时，地震的桩桩往事在脑海中一幕幕闪过，心情难以平静。

作为唐山师范学院的青年教师，徐露虽然没有经历过唐山大地震，但她参加了《唐山大地震救援口述史》的采访和编辑工作，受到抗震救灾英模事迹的感染与鞭策。她不断积累相关资料，深入研究唐山地震文化，弘扬唐山抗震精神。成果颇丰。这册书是她的研究成果之一。

习近平总书记在唐山大地震40周年之际来唐山视察时指出："在同地震灾害斗争的过程中，唐山人民铸就了公而忘私、患难与共、百折不挠、勇往直前的抗震精神。这是中华民族精神的重要体现。我们今天要继续弘扬抗震精神，为实现全面建成小康社会奋斗目标、实现中华民族伟大复兴的中国梦注入强大精神力量。"习近平总书记把唐山抗震精神升华到中华民族精神的高度，凸显了唐山抗震精神的历史意义和时代价值。

唐山，是中国最早建立共产党组织的地区之一。在新民主主义革命和社会主义建设中，唐山人民在各级党委坚强领导下，在艰难困苦的环境中不懈奋斗，涌现出许多英雄人物和模范事迹，形成了唐山的“五种精神”。其中唐山抗震精神的形成，不是偶然的，是历史文化的积淀和英雄模范人物优良品德作风传承的必然，是唐山人民崇德尚廉蔚然成风的结果。徐露在这册书中，对唐山抗震精神的形成与传承进行了系统分析与阐述。

第一，唐山抗震精神体现了中华民族公而忘私的精神。唐山在抗震救灾中，广大党员干部特别是领导干部率先垂范，他们和广大人民群众，用大公无私、公而忘私精神，践行了毛泽东“全心全意为人民服务”的立党宗旨，所以在大地震后的废墟上处处闪烁着共产党人的光辉，使克己奉公、清廉务实的廉洁风范在抗震救灾、重建家园的工作中得到全面展现，充分体现了中国共产党人以国家和人民利益为最高利益的精神风采。地震发生后，广大党员干部舍小家顾大家、牺牲个人为集体，以舍己为人、公而忘私的精神带领人民群众自救互救，掀起抗震救灾的热潮。正是广大党员干部在大地震中用生命践行“全心全意为人民服务”的宗旨，救灾部队严守“三大纪律，八项注意”，普通民众也是公字当先、克己奉公，因而才有了“公而忘私”的精神，其精神得到大力弘扬。

第二，唐山抗震精神体现了中华民族患难与共的精神。患难与共是唐山抗震精神的重要内容，也是中华民族人文精神的重要体现。人文精神是人类所特有的精神特质，是社会发展、文明进步的标志，是一定历史时期人们在物质文明和精神文明的建构中所体现出来的精神风貌和道德品格，是激励一个民族得以延续、发展、振兴强大的精神动力。唐山大地震发生时，惨遭劫难的唐山人民自救互助、舍己为人，不救家人先救他人的事例比比皆是，充分体现了中华民族患难与共、守望相助的高尚风格。在劫难面前，唐山人民相濡以沫。不仅表现在唐山人的身上，也表现在抗震救灾的人们身上。英勇无畏的人民解放军，救死扶伤的医务人员，以及来自祖国各地的救援队伍，他们奋力拼搏，有的甚至献出了宝贵的生命。唐山大地震是人类遭受灾难的极限，也是人类展现大爱的极致。正是这种在灾难极限中所凸显出来的人类大爱弥合了灾难带给唐山人的巨大创伤，使唐山人的精神得到升华。因而才有了“患难与共”的精神，其精神也得到大力弘扬。

第三，唐山抗震精神展现了中华民族百折不挠的精神。顽强拼搏、勇往直前是唐山人民的伟大品格，也是唐山抗震精神的具体体现。大地震摧毁了唐山的建筑，但没有摧毁唐山人民的坚强意志。在生存条件极其困难的条件下，他们百折不挠、不畏艰难、迎难而上，不向国家伸手，不消极等待各方救援，而是勇敢面对、攻坚克难。从各级领导干部、共产党员到普通百姓都挺身而出，承担了自己的责任，无怨无悔地履行了自己的职责。在大地震发生之时，英雄的唐山人民临危不惧、迎险而上、挺身而出、英勇拼搏。党员干部指挥若定，带领员工撤离险境；组织力量抢险救人，救群众于危难；人民群众勇敢保护国家财产，使之免于遭受盗抢损失；不怕牺牲，英勇救人，在震后的唐山处处传颂着“特别能战斗”顽强拼搏的事迹。百折不挠的精神，同样得到了大力弘扬。

第四，唐山抗震精神展现了中华民族勇往直前的精神。勇往直前、无私无畏、勇于担当的精神是民族精神的生动体现，也是唐山抗震精神的具体体现。从李大钊的“铁肩担道义”的大钊精神，到勇往直前的唐山抗震精神，都显示出英雄的唐山人民的担当精神。唐山这座城市虽然被大地震摧毁，但摧毁不了唐山人的坚强意志。他们不畏艰险，勇往直前，勇于担当，不惧生死，坚守岗位。他们以生命为代价尽职尽责，践行了无私无畏的担当精神。在地震中，英雄的唐山人民以忠于职守、勇往直前的精神，面对灾难、抗击灾难、战胜灾难，以高度的社会责任感谱写出抗震救灾的壮丽诗篇，被载入光辉史册。

震后40年来，唐山人民发扬唐山抗震精神，历经“十年建设恢复；十年经济振兴；十年快速发展；十年展翅腾飞”发展之历程。创造了凤凰涅槃、浴火重生的奇迹，把新唐山建设成一座现代化的城市。实践证明，唐山抗震精神是历史性与时代性的有机统一，是民族精神与时代精神的紧密契合，是中华民族精神的重要体现。它不仅是抗震救灾、重建家园的力量源泉，也是全面建成小康社会、实现中华民族伟大复兴的精神动力。

唐山，乃中国近代工业的摇篮，素有凤凰城之称。习近平总书记称这座城市是英雄的城市，唐山人民是英雄的人民。唐山历史悠久，文化底蕴厚重，英雄人物和文化名人辈出，他们都是崇德尚廉、公而忘私的典范。这册书，不仅有力地弘扬了唐山抗震精神，也进一步激发了人们热爱唐山、建设唐山、宣传唐山的激情，为唐山不断焕发勃勃生机，不断谱写可歌可泣的壮丽诗篇，贡献了力量。

曾文友

2024年9月28日

目录 CONTENTS

第三章　唐山抗震精神的时代解读

第四章　全媒体传播的相关理论研究

第五章　革命精神的全媒体传播案例分析

第一章　唐山抗震精神的传统内涵

唐山抗震精神源于抗震救灾过程中人们精神层面的凝练与升华，本质上是中华民族精神、唐山精神的沉淀与延续。1996年江泽民总书记首次将唐山抗震精神归纳为“公而忘私、患难与共、百折不挠、勇往直前”。2016年7月28日，习近平总书记在唐山考察时强调，“在同地震灾害斗争的过程中，唐山人民铸就了公而忘私、患难与共、百折不挠、勇往直前的抗震精神。这是中华民族精神的重要体现”。什么是我们中华民族的精神？中华民族精神包括了伟大创造精神、伟大奋斗精神、伟大团结精神、伟大梦想精神。习近平总书记将16字抗震精神提升到中华民族精神的层面，更是将唐山抗震精神与中华民族精神相关联，为唐山抗震精神注入了新的内涵。可以说，每一个唐山人都承载着世人对唐山大地震的关注和对唐山抗震精神传承的期待。同时，唐山大地震的经历又不断地影响着人类对待生命的态度：珍惜生命、感恩博爱、不畏困难、勇敢奋斗。

一、公而忘私的传统内涵

公而忘私精神是中国人民传统精神文化的重要组成部分，与中华民族的其他精神文化共同在历史长河中不断丰富发展。它在艰苦的革命斗争中、在恶劣的环境中孕育而生，又在一次次应急救援中被不断地发展和体现。如在唐山大地震医疗救援中，广大医务工作者快速响应、不惧艰险、科学处置、救死扶伤，在特殊的背景下，让公而忘私精神得以广泛传承和发扬光大。

（一）先公后私

先公后私、为公而忘私精神是公而忘私最直接的体现。公，主要指公正、公平、无私之意。朱熹说："公盖无私心，然后好恶当于理。"意思是公是从尽自己之忠心出发，用仁去消除私心。他还说："公是心里公，正是好恶得来当理。苟公而不正，则其好恶必不能皆当乎理；正而不公，则切切然于事物之间求其是，而心却不公。此两字不可少一。"在古代汉语中，"公"的基本含义主要有两个方面：一是就事物性质、方向而言的公正、公平之意，它与偏私、偏斜相对。其中，汉贾谊《新书·道术》云："兼覆无私谓之公，反公为私"；汉班固在《白虎通德论·爵》中云："公之为言，公正无私也。"二是就事物层次、范围而言的含义，"公"指公共范围、公家，"公"与个人、私人等词语相互对立。根据句意，结合现代词语解释，本文相对侧重先公后私中"公"的事物层次方面。先公后私，就是优先考虑国家、集体，将个人、小家的“私”放在“公”之后，要想真正地完全地做到公而忘私的精神，就会不可避免地去面对公共与个人、公家与私家的关系。我们平常所提到的先进人物，他们之所以进步，原因在于他们始终以共产主义先公后私的精神对待个人需求利益，将国家与集体利益始终放在首位，把个人需要放在从属地位，从而做到先公后私，坚持热心为人民服务，积极为国家集体事业做出个人贡献。在面对这些问题时如何进行选择，则是公而忘私精神最直接的体现，故我们说“先公后私”是公而忘私最基础的组成部分之一。

（二）大公无私

“大公无私”是自传统社会就诞生出的一种有代表性的公共精神，并且被认为是个体应该具有的高尚品德。不论是曾经还是现在甚至是未来，任何一种秩序的存在都要求生活在其中的人员遵守规章秩序。人们总是想在中国的传统社会中找到一种同时被统治阶级和人民大众认可的观念，“大公无私”就是这样的观念。同样，大公无私也是公而忘私精神中最为重要的表现，要想做到大公无私，就要明白，其最本质的要求是公正、公平，即符合人的理性，服从真理和遵守法约规则，服从国家、集体以及人民的利益。“公”作为一种模糊的概念性上的规定，其是超越公家与私家、集体和个人关系的。总之，不论是团体组织、集体、国家还是个人，在其谋划获取利益的行为时都不可避免地面对是否公正公平的问题。大公无私作为道德品质上的要求并不是一种不切实际的幻想，而是一种具体实际的思想品质与行动价值，是人们对于破私立公的斗争。大公无私是人们应当争取的最高理想目标，也是当前思想道德教育的要求，这不是少部分人民应该做到的，而是处于社会主义发展条件下的人都应做到的，且是人民正在进行中的行为道德实践。

对于“大公无私”之中的“大”字，主要从两个方面理解。第一，作为一个动词，其具有“使大”的意思。大公，就是通过一定的手段使公正、公平发扬光大，无私的含义即为“不私”，这里的“无”字也和“大”字一样，具有“使无”的意思。无私的意思是使私欲、偏私通过一定的方式消失，《管子》云“立公”；而“大公无私”不仅要使“公”的精神得以树立，而且要使其名扬天下。第二，“大”字作为一个形容词来使用，“大”与“小”是相互对应的，同样，谁大谁小，是两者相互比较而言的，例如，天下、国家、团体、个人，在这四个词的排序中，排序相对越靠前则越大，排序相对越靠后则越小；而该四个词中的“天下”则指的是“至大”，因而所谓的“大公无私”也有“天下为公”的说法；相反，与“至大”对应的是“至小”，而“小”的最终点则是零，也就是“虚无”，亦可以称之“无”。所以，要真正地完全地做到“大公”，就必须做到极致的“无私”。所以，“大公无私”也属公而忘私的传统内涵之一。

（三）克己为人

克己为人是公而忘私的一种前提条件，何为“克己”？何为“为人”？克己为人就是要克服自己的私欲，为他人服务效力，可以说，“克己”是为了他人，以“仁”为本心去爱人。在《论语》中，颜渊曾经问孔子什么是“仁”。孔子是这样回答的：“克己复礼为仁。一日克己复礼，天下归仁焉。为仁由己，而由人乎哉？”朱熹非常重视与孔子“克己”的道德修养相关的思想，他在《论语集注》中对于该思想也有相关注释，朱熹说：“仁者，本心之全德。克，胜也。己，谓身之私欲也。”朱熹认为，克己，就是要克服自身的私欲，只有这样，才能达到“仁”，有时候朱熹甚至将“克己”理解成“拔其本、塞其源”，认为一个人的学习过程，其实就是不断克服私欲、私心的过程，朱熹在《克己斋》中提道：“知人欲之所以害仁者在是，于是乎有以拔其本、塞其源，克之克之而又克之，以至于一旦豁然欲尽而理纯，则其胸中之所存者，岂不粹然天地生物之心，而蔼然其若春阳之温哉。”所以，人只有克服了自己的私欲，放下自己心中所有的杂念，用“豁然开朗”的态度去面对它，这样才会达到理想中“仁”的状态和境界。

克己为人精神一直是中华民族的优良传统，在抗日战争时期，中国共产党人会暂时告别家人、朋友，努力付出自己的全部，参军上阵，在战场上毫无保留地去对抗敌人、拯救战友，为我们的祖国抛头颅、洒热血，将自己的一切奉献给为新中国的诞生所做的工作中，与公而忘私精神中的奉献精神相得益彰，不论是在前线抗击敌人，还是为人民大众提供帮助，都对待父老乡亲如亲人一般，挽救了无数的生命。

（四）恪尽职守

在抗震救灾过程中，公而忘私最为直接的体现便是恪尽职守，在灾难来临之际，率先投身灾后恢复工作之中，尽自己最大努力使其所在的工作岗位运营正常。“恪尽职守”一词出自《孙子兵法》。恪，有恭敬、谨慎的含义；尽，有完备、完善的含义，恪尽职守是指尽自己的全力，严守自己所在的工作岗位，谨慎仔细地做好自身的本职工作。

恪尽职守，不仅自身在工作中要绝对服从中国共产党的领导，不管情况多么紧急、问题多么严峻，只要自身还坚持在岗位上，不论多么艰苦也要将自己岗位上的责任放在公而忘私精神的首要位置。责任感是领导干部的“发动机”，是最基本的动力来源，是使人可以奋发的“强力引擎”。恪尽职守不单是对领导干部的要求，同时任何工作岗位都需要员工保持责任感，以奋勇争先的紧迫性、高昂的斗志、尽可能理性的思维、始终饱满的热情态度，积极投身到工作岗位中，尽心竭力、守职尽责地完成属于自己的那份工作任务。不仅如此，恪尽职守还说明了为政为民的最基础的道德修养，阐释了领导干部在关键时刻优先服务人民的宗旨与责任。

而对于岗位上的领导干部而言，恪尽职守要求有强烈的责任心与事业感，把自己所在的岗位当成展示自己最高价值的舞台，朴实勤劳，专心致志、任劳任怨、一心一意干实事，在平凡的工作岗位上干出不平凡的事业与成就。同样要想干出一番成就，就需要有对于工作的热情和激情，有对于所负责工作的强烈的责任意识，以高度的责任感、时不我待的紧张感、庄严的使命感，用饱满的热情、理性的思维、踏实的态度，积极投身于本职工作的建设、实践中，尽心尽力、尽职尽责，实现自我价值。

（五）无私奉献

无私奉献精神是公而忘私精神最为本质的属性，也是我党发展百年至今的灵魂所在。这种奉献精神从历史中穿越而来，显示了始终以人民至上的价值观念，始终保持与广大人民同呼吸、共命运，以奉献精神坚守自己的担当，保持着中国共产党与百姓之间割不断的血肉联系。纵观我们中国共产党的百年党史和如今党和人民繁荣强盛的伟大局面，都是由无数的党员、百姓的奉献牺牲一点点铸就出来的。可以说，我们的民族历史就是无数人民不怕牺牲、甘于奉献的斗争史。在世界强国入侵我中华时期，无数爱国人士抛头颅、洒热血，向世界人民展示了我们绝不轻易屈服的傲骨；在战火纷飞的革命斗争年代，无数共产党人为了取得国家民族胜利不惜牺牲个人生命，向敌人展示了我们绝不投降的决心。在我们的入党誓词中，“牺牲个人，努力革命”“随时准备为党和人民牺牲一切”，无一不体现了我们共产党员的奉献精神，不仅如此，这种精神在党章中也有所体现：“中国共产党员必须全心全意为人民服务，不惜牺牲个人的一切”；在《中国共产党廉洁自律准则》中更是把

"坚持吃苦在前，享受在后，甘于奉献"作为规范党员的纪律，这些都从根本上说明了无私奉献是我们民族公而忘私精神的重要内涵。

无私奉献精神，体现的是社会成员对国家以及对于集体的无私纯洁的道德层面的付出，是一种良好的品质，更是一种优秀的修养。也正是在灾难中诞生的无私奉献精神，成就了如今唐山城市的辉煌，在历史的道路进程中创造了一个又一个奇迹，实现了一个又一个目标。

二、患难与共的传统内涵

患难与共精神是中国人民在唐山大地震互相帮扶中所凝结出的宝贵精神，其所包含的内容体现了在灾难面前全党全国各族人民风雨同舟的团结力，也体现了中华民族团结一心勇敢向前的精神。作为唐山抗震精神的重要组成部分，患难与共精神反映了广大人民在突发情况下情感上的互相亲近，精神上的互相支撑，具有重大的研究价值。弘扬患难与共精神，也需要个人具有高度的责任感与强烈的事业心。可以与他人共患难的人，往往优先考虑的是最大限度满足社会需要，尽自己最大努力把自身负责的工作做好，尤其是在危急重要的任务面前不计条件代价、不怕牺牲，积极承担社会责任，团结一心战胜困难。

（一）顽强拼搏

新中国成立，靠的不是幸运，而是共产党员与人民群众顽强拼搏的努力，新中国的发展靠的也是人民群众团结在一起顽强拼搏的精神，这种精神在灾难来临之际也得到了实践。顽强拼搏精神是中华民族精神中团结奋斗部分的充分表现，是中华民族在历史长河中不断发展、生生不息的支撑点，也是建立中华民族千年文明的精神根基。它集中体现了我们中国人在历史实践中血脉相连的集体之情，体现了患难与共的民族气节。顽强拼搏精神同样显示了党和人民自强不息、敢于斗争的顽强意志，这种意志蕴藏着中华民族的文化基因，更继承了共同抵抗外来侵略、保家卫国的革命精神传统。中国共产党从诞生之日起就承担着救国救民的责任，从艰苦斗争的时代凝聚出了顽强斗争的精神。这种拼搏精神已深入每一个中国人的心中。因此，在重大灾害发生时，中国共产党带领人民群众敢于斗争的精神便再一次被激发出来，凭借永不放弃的信念，不畏艰险、顽强拼搏，最终赢得了抗震救灾的全面胜利。

从革命时代至今中国共产党在历史中所创造的百年党史也是一部可歌可泣、荡气回肠的光辉奋斗史，其中积淀着的正是中国共产党顶天立地、正气凛然的英雄气概。正是有了“留得豪情作楚囚”的勇敢无畏，“百万雄师过大江”的英雄气魄，“旌旗十万斩阎罗”的豪气干云，“战地黄花分外香”的镇定自若，“而今迈步从头越”的豪情壮志，我们共产党才能在民族艰难绝望之际绝处逢生、毅然奋起、顽强拼搏、勇往直前。

（二）众志成城

五千年的优秀文明传承至今，离不开我们中华儿女团结一心、互帮互助精神的推动。回首过去，中国人民在抗震救灾的过程中所做出的努力充分地体现了全国人民患难与共的精神。众志成城是患难与共精神最直接的体现之一。中国自古就有一句话："人心齐，泰山移。"和众志成城一样，这句话体现出了中华民族重视集体主义的传统思想。在灾难面前，集体主义可以激发出大家最大的力量，不论在革命、改革还是其他实践中，都证明了集体主义的强大力量，也证明了集体主义是一个永远不会过时的方法论与道德准则。患难与共的前提便是集体主义，只有大家万众一心，共同奔着一个目标去努力，才可以发挥出患难与共的效果。"万众一心、众志成城"同样也与中国特色社会主义制度有所关联。中国特色社会主义制度具有同甘共苦、互帮互助的团结精神，而众志成城则正是这些精神的体现。在严重的灾难面前，中国人民用实际行动凝结起来了一道墙，用一砖一瓦铸就出了"一方有难、八方支援"的强大力量，用众志成城作为支点，形成一个巨大的同心圆并且不断地扩充半径成为一个更大的圆向前走。可以说，患难与共的精神丰富了中华民族精神的谱系，使得各民族心往一处想，劲往一处使，从而快速形成了民族凝聚、共克时艰的强大力量，也充分体现出了中国特色社会主义独有的优越性与进步性。

历史的经验告诉我们，每一次中华民族的伟大成就创造，都离不开中华民族集体同心同德的向心力。在困难面前，一定会有无数双手伸出来，有汇聚无数温暖的场面出现，而正是这万众一心、众志成城的精神，凝聚起了巨大力量，让我们跨过一道又一道的阻碍。

（三）坚定信念

理想信念是立党兴党之基，也是党员干部安身立命之本。在中华民族五千年文明的发展史中，坚定的理想信念是支撑其发展至今的精神源泉之一。作为患难与共精神的核心，只有全国人民一条心，有共同为之奋斗的信念目标，才能更好地并肩作战。面对灾难时，患难与共、百折不挠，共同渡过难关。在中华民族历史发展的进程中，信念坚定具有重要的地位，是中国共产党在革命过程中始终保持着高亢的斗争精神及强大战斗力的关键。在对中国革命道路探索的过程中，坚定信念让我们的共产党员明明知道前方的道路艰险异常，却依旧义无反顾地投身至革命的浪潮中，与革命先辈同甘共苦、患难与共、勇往直前。

理解坚定信念，就要深刻去感悟共产党人的初心使命。中国共产党自成立之日起，就始终把实现共产主义作为我们中国共产党的最高理想与最终奋斗目标，把实现中华民族伟大复兴的责任义务担在肩上。中国共产党人始终秉持着共产主义理想信念，在面对绝境之时临危不乱、不惧，越是艰险越向前，成功挽救了中国革命的危机局面，开创了属于中国时代的全新局面。目前中国共产党的全新使命是继续推动中华民族实现伟大复兴，而若想实现中华民族伟大复兴的宏伟目标，就必须坚定信念，时刻感悟共产党人创立党的初心使命，合乎时代潮流、顺应人民大众想法意愿，使党和人民事业始终充满前进的强大生机与活力。

中华民族在几千年的历史传承中，逐渐形成了具有独特性的中华民族文化，蕴含着患难与共的文化基因。在漫长的历史长河中，虽然发生过短期割据，但是团结一心始终是中华民族的主旋律，这说明了中国具有内聚的历史文化传统。从《吕氏春秋》的“万人操弓，共射一招，招无不中”到《易经》“二人同心，其利断金”，以及我们现在经常说的“家和万事兴”“众人拾柴火焰高”等；从先秦时期孟子“天时不如地利，地利不如人和”，到《淮南子》的“用众人之力，则无往不胜也”，再到孙权“能用众力，则无敌于天下矣”等，无不体现出中华民族同舟共济、同心同德的生活智慧和治理智慧。在民族团结的历史长河中，古代多民族交融交织，融合发展形成以家国情怀为纽带的民族团结的大家庭。

（四）团结一心

中华民族从古至今就是一个具有团结精神的民族。在汉朝时，王昭君出使边塞，从而团结了匈奴。在唐朝时，文成公主进入藏族地区，从而加深了汉族与藏族之间的友好交流往来。在抗日战争期间，国民党与共产党为了共同的敌人暂时放下政治对立的局面，共同抗敌，达成国共第二次合作的友好局面。同时，全中国各界人士都积极参与抗日救国的运动，在海外的华侨也积极捐助各种物资，支持国内更好地抵抗外敌，从而建立了抗日民族统一战线。可以说，中华儿女在民族灾难来临时所表现出的空前的民族团结意识是中国人可以取得抗日战争全面胜利最根本的基础保证。种种迹象毫无疑问地证明了，团结一心是患难与共的前提与基础。可以说，从古至今，团结精神一直深深根植在我们中华民族的内心。“六合同风、四海一家”，中国古人深刻地意识到团结的巨大力量。患难与共体现出了中国人民团结一心、重视团体的优良传统，“与共”的前提是团结，而正是因为团结，中华民族才不断创造出了一个又一个奇迹，实现了国家的独立自强与发展壮大。中国人民在实践中培育出的团结一心的精神，反过来充实了患难与共精神的具体内涵，引导中国人民团结一心、同舟共济，不断推动祖国向前发展。

团结是中华儿女战胜一切风险与挑战、不断走向新的胜利的重要支撑力量。回顾共产党百余年的奋斗历程，中国共产党自始至终将统一战线作为作战方针的重中之重，不断巩固发展统一战线，把握一切可以把握的机会、团结一切可以团结的力量、抓住一切可以抓住的机遇、调动一切可以调动的积极因素，从而实现凝聚共同战斗力量的最大化。特别是在党的十八大会议召开以来，在中国共产党领导下，人民政治协商会议充分发挥战线组织功能，坚定大团结联合的方针，坚持多样性与一致性统一，不断加强巩固思想政治基础，广泛集聚共识，凝聚起实现伟大民族复兴的磅礴力量。众多的实践充分证明，统一战线是党成功打败敌人获取胜利的重要法宝，也是党执政兴国的法宝之一，面对困难时，我们祖国只有举国上下团结一心，才能突破个体局限性，发挥集体最大的协作作用，战胜种种困难并取得成功。

三、百折不挠的传统内涵

百折不挠是中国传统的一句古语，意思是虽然受到很多挫折，但仍不动摇、退缩或屈服，形容人的意志坚强。在中华民族的历史发展长河中，由于地域辽阔，地势环境复杂，灾害时有发生。中华人民在同各种灾害斗争的过程中所铸造的这种不动摇、不退缩、不屈服的精神是我们战胜自然灾害的重要法宝。在唐山大地震中，解放军和人民警察的紧急动员、日夜兼程拯救了宝贵的生命；广大医疗队伍紧急驰援，救死扶伤救治了脆弱的生命；广大人民群众互相帮助，自救互救延续了幸存的生命。无数中华儿女用实践证明，百折不挠是我们继续前进不断创造历史的动力，它鼓励新时代人民，为实现中华民族伟大复兴，实现我们的中国梦而奋斗努力。

（一）坚贞不屈

“愿以我血献后土，换得神州永太平。”“为了免除下一代的苦难，我们愿把这牢底坐穿！”“我是真理的信徒，我是正义的战士，我要永远永远，为人类的自由幸福而战！”历史中壮士们留下的悲壮的语句，无疑是无数英雄烈士用生命铸就的坚贞不屈的誓言。英雄的光辉事迹，永远值得我们缅怀。而在其身上体现出的伟大的精神，更是为我们立党兴党提供了滋养，为强党提供了强大精神动力。在残酷历史的血与火中锻造出的不屈不挠、坚贞不屈精神经过时间的洗礼历久弥新，永远都是我们顽强拼搏的精神支柱、艰苦奋斗的动力源头、攻坚克难的秘密武器。

在革命战争年代，万千共产党人，在重重困难面前坚定地选择扛起民族独立的旗帜，承担起人民解放的大任。在面临种种生死考验时，始终敢于担当，不卑不亢，其表现出的不屈不挠的革命斗争精神，时至今日，仍然穿越时空发出耀眼的光芒，影响着后世一代又一代的党员。

弘扬和传承坚贞不屈精神，要求共产党人要坚守住立场和宗旨，始终保持共产党人不怕牺牲的高尚政治品德，排除内心的私心杂念，不计较一时的个人得失。舍弃“小我”铸就“大我”，义无反顾、更加坚决且坚定地将人民对美好生活的向往作为终生奋斗的目标。始终同人民群众站在一边、干在一起，吃苦在前、无私奉献、鞠躬尽瘁，不断提高人民群众满足感、安全感与幸福感，推动人民的生活水平实现历史性跨越前进，努力为人民创造出更幸福的生活，建设出更美好的新中国。新时代下，广大共产党员若想发挥不屈不挠、敢于担当精神，就需要把为人民大众谋求幸福作为首要追求，把促进发展、保持稳定、幸福民生作为目标，凡是有助于人民群众幸福、有利于社会稳定发展的事业，即使顶着压力也要干，努力创造出经得起群众检验的工作成果。

（二）坚持不懈

在中国神话传说中，愚公移山的故事，充分体现了中国人民持之以恒、坚持不懈的做事态度。“愚公移山”是出自《列子·汤问》的一则寓言，是原始先民在社会实践中敢于思考创造的形象写照。通过对比，愚公身上体现出的坚持不懈精神与智叟的胆小懦弱，以及“愚”与“智”两个字，生动表达出了中国古代劳动人民的信心与坚毅，说明了要想克服挫折困难就必须坚持不懈的道理。

在祖国的这片红色土地上，峥嵘岁月见证了中国共产党所领导的中国革命事业从低谷迈向高潮，实现历史性的大转折。其孕育出的以坚定正确的政治方针、解放思想实事求是的思想路线政策、全心全意为人民服务的根本宗旨、自力更生艰苦奋斗的革命斗争精神为主体内容的民族精神，不断激励着一代又一代共产党人勇往直前。与此同时，这种坚持不懈的民族精神，跨越时空历久弥新，为我们今后全面建设社会主义现代化国家、实现中华民族伟大复兴提供了强大的精神动力。

从历史走进现实，坚持不懈是民族精神的体现，是革命精神的传承，更是时代精神的延伸。在新时代，坚持不懈的精神不断激励我们以昂首的姿态踏上全新征程，向着更加光辉的未来前行。

在艰苦卓绝的中国人民抗日战争中，正是由于人民子弟兵坚持不懈的奋勇斗争，才使得这一场战争变成了促进国民觉醒、增强民族团结的战争，更是一场提高国家世界地位、改变民族未来命运的战争，也同样是一场成功匡扶人类正义、维护世界和平的战争。战士们在抗日战争中所表现出的百折不挠、坚持到底的民族精神是中华民族的宝贵财富，也是激励中华儿女自强不息、砥砺前行的动力源泉。

坚持不懈的奋斗精神，也是中华民族伟大精神财富的重要组成部分。正是依靠这种坚持不懈的创造精神，我们的前辈们才得以创造出光辉灿烂的华夏文明。共产党要有正确的理想信念，坚定的信念是共产党员在工作与生活中的精神支柱和指路灯塔。在信念确定之后，更要矢志不渝地向着目标前进，才能为实现理想奠定基础。在寓言故事中，愚公确立了一个崇高的理想目标，尽管他和他的后辈面对的是世人的冷嘲热讽与现实的艰难险阻，但愚公仍然坚持不懈地保持这个信念，直到真正实现自己的理想。因此，坚持不懈的决心十分关键，如果没有实现理想的初心和决心，再美好的理想信念也无济于事。自中国共产党成立，逐渐从革命党发展为执政党，其中经历了种种磨难，克服了重重困难。若没有坚持不懈的努力和敢于牺牲的魄力，其远大理想就难以实现。当今时代，中国面临着新的历史机遇，更需要传承党的优良传统，充分发挥坚持不懈的精神，无惧来自各方势力的强压和挑衅，坚持建设具有中国特色的社会主义，树立民族自信心与民族自豪感，形成强大的精神力量，为实现中华民族伟大复兴的中国梦贡献力量。

（三）意志顽强

唐山大地震虽然摧毁了一个城市，但没有摧毁唐山人民的坚强意志。在灾难发生之后，在中国共产党的有力领导和全国广大军民的鼎力帮助之下，唐山人民以顽强意志与拼搏精神积极投身抗震救灾和灾后重建中，一幕幕感人场面在中华民族的奋斗史上书写了可歌可泣、令人赞颂的壮丽篇章。即使在生存条件极其艰苦困难的情况下，他们依旧百折不挠、不畏艰险，不消极被动地等待外来各方救援，而是攻坚克难，依靠着顽强的意志勇敢面对这场突如其来的天灾。从普通职员到领导干部，从普通百姓到共产党员，无数的人都挺身而出承担责任，无怨无悔地投身于救灾工作中。

回顾百年历史长卷，中国共产党历经艰难曲折而不屈不挠，屡受挫折而不忘初心，凭借顽强的意志，从星星之火到燎原之势，从点点微光到光芒四射，从九死一生再到蓬勃兴旺，靠的正是顽强的意志与坚定的信念。中国共产党创造了一部历经种种磨难最终取得成功的奋斗历史，谱写了一篇闪着信念之光的精神歌曲。百年的风雨兼程，共产党人不断砥砺前行，从最初在嘉兴南湖的小船到如今的“中国号”巨轮，我们党依靠顽强意志谱写出光辉历史篇章，对党员而言，顽强的意志既是一本厚重的教科书，更是一笔珍贵的精神财富。我们党在如今复杂的世界局势中仍旧能够保持蓬勃的生机和活力，其根源就在于将玩强的意志贯注到党的全程建设之中，培养了一批又一批胸中有信念、心中有信仰的奋斗党员。只有信仰如刚，才会对祖国忠贞不渝；只有信念如铁，才可排除万难，走向最终胜利。这也成为了新时期共产党人仍以顽强奋斗姿态时刻坚守为中国人民谋幸福、为中华民族谋复兴的担当与使命的动力基础。

虽然当下我们看似平静无波澜，但是前进的道路绝不是平坦大路，越接近实现民族复兴的胜利彼岸我们国家所面临的考验也会越严峻。因此，我们党更要从百年光辉历史中吸取意志顽强、不忘初心、永远奋斗、牢记使命的精神与力量，以更加高昂的精神状态与铿锵有力的步伐走好新时代的长征路。如今，我党正处于风华正茂阶段，共产党人的初心和责任感即使经过时间磨砺依旧发出耀眼光彩。弘扬坚定不移的信念与精神，认定理想的选择，不惧怕浪急风高，在前进道路上披荆斩棘，我们祖国定能延续百年光荣路，奔向更加光明的未来。

（四）迎难而上

一个前进中的时代，必然会有奋发向上的精神作为精神支撑；一个发展中的民族，也必会有一种顽强积极的意志作为精神基础。新时代，迎难而上的奋斗精神是对新时期中国共产党总体风貌的科学概括，是当前中国共产党人内心本质的集中表现，更是中国共产党人自觉履行与担当历史责任和使命的强大动力来源。可以说，昂扬奋进、迎难而上的精神为中国特色社会主义建设提供了强大的思想指引。

“艰难困苦，玉汝于成。”中华民族在历史长河中饱经风霜，却生生不息；苦难深重，却依旧朝气蓬勃。伟大奋斗的精神是中华民族在艰苦卓绝的恶劣环境中磨炼出的顽强意志，更是面对困难挑战迎难而上所锻炼出的气概，是中华民族的珍贵品质与优良传统。前辈在实践中留下的宝贵精神财富，都包含着中华民族迎难而上的奋斗精神。加强对大学生奋斗精神的教育，有利于当代青年学生继承与觉醒中华民族血脉中的奋斗基因，遇到困难不轻言放弃，坚持不懈努力前行，坚守自身奋斗的正确方向，树立高远的民族理想，凝聚担当的品性，积极投身于强国伟业，将个人的奋斗目标同中华民族伟大复兴任务紧紧相连，让蓬勃的青春在美丽的年华展现出韧性的力量。

四、勇往直前的传统内涵

在历史的大背景下，代代相传的勇往直前精神仍焕发着生机与活力。中华民族、中国共产党从苦难里走出，在磨难中变强，在希望中前进。在中国共产党的领导下，中国人民从历史中汲取经验，高高举起中华民族精神的火炬，自强不息，勇往直前，让中华民族迎来了从站起来到强起来的伟大飞跃，在新时期描绘出了宏伟雄壮的篇章。种种实践证明，历史中的每一次前进，都离不开中华民族勇往直前精神的向前推动。目前，世界正在经历百年未有之大变局，各种安全问题层见叠出，世界经济发展举步维艰，全球大发展面临严重挑战，经历挫折与磨难的中华民族，会更加明白和平与发展的来之不易，更懂得前方道路越艰难险阻、困难重重，就越要凝聚起强大的力量去攻克困难，勇往直前。

（一）义无反顾

勇往直前精神的核心，便是需要有义无反顾的勇气，它支撑我们一代又一代共产党人跨过种种困难，砥砺前行。爱国主义的精神深深融入中华民族的热血之中，在困难面前，共产党人义无反顾，挺身而出，担起大任，鼓励着一代又一代的中华儿女为祖国的繁荣发展而不懈努力奋斗。中国人民为争取民族的解放与复兴进行了一系列的努力抗争。在抗日战争期间，中华民族到了生死存亡的紧要关头，在危难之际，中国人民迅速觉醒，集聚抱团，心中的爱国主义精神也空前高涨，国家的战斗力得以空前提高，全国人民上下团结一心用血肉之躯筑起了一座抵御日本侵略者无法攻破的钢铁长城。“天下兴亡、匹夫有责”成为人人高喊的口号。在国家和民族在生死存亡关头，民族精神得以升华，全体中华儿女义无反顾、浴血奋战、不屈不挠、同仇敌忾，为民族的独立、人民的最终解放、人类的正义而战斗，谱写了感天动地的壮丽诗篇，向敌人展示了我们中华儿女气吞山河的英雄气概。

义无反顾精神是中华民族文化的重要组成部分。它体现了一个民族的思维方式和价值观念，是一个民族精神文明建设的精华所在。在抗日战争时期，共产党人在经济落后、交通不便、地形封闭、物资极度匮乏的艰难条件下，在贫瘠土地扎下根基，专心致志地搞革命，同侵犯中华的敌人斗争，不断发展壮大敌后根据地，坚持艰苦奋斗的精神，通过各种方法提升我党的经济、政治、军事与文化等方面的核心竞争力，不仅克服了万千磨难，而且从弱小走向了强大。正是义无反顾精神指引着中国共产党人在实践中取得成功，最终形成了不怕困苦、自食其力、坚守本心、艰苦奋斗等的高尚品德。

（二）不怕牺牲

中华民族悠长的历史文化融于中华人民的血液中。经历五千年岁月的洗礼，中华优秀传统文化造就了伟大的民族精神，伟大的民族精神又在特别的历史背景下创造出强大的斗争精神，其中不怕牺牲就是重要的体现。在国家危难的关键时刻，不怕牺牲体现出了民族大众在生死存亡面前的价值判断与选择。虽然不怕牺牲的精神是以中华民族精神与国家实际情况相互结合而产生的，但其又受到不同时代背景的影响，塑造出独具特色的中国共产党的革命斗争精神，如在长征精神、延安精神等中都有不怕牺牲的内涵体现。中国拥有如今的伟大事业是中国共产党人不断奋斗打拼出来的。“不怕牺牲、英勇斗争”是我们党在成就伟大事业过程中必不可少的品性。在建党的百年历史进程中，在中国革命处于敌强我弱的危机形势下，在帝国主义与封建势力猖獗，国内战争不断发生，社会动荡的背景下，共产党的发展举步维艰。即使革命解放发展道路过程中关卡重重，中国共产党在不怕牺牲精神的鼓舞下，投身革命，奉献自己，用生命为中国革命事业打出一方天地。除此之外，不怕牺牲精神还在唐山抗震救灾中成为勇往直前的重要内容，展示出我国极具深度的文化底蕴与精神力量。

（三）前仆后继

在革命历史上，中国共产党人为了祖国光荣牺牲的事例数不胜数，有的在战斗中冲锋向前时倒下，有的被反动分子抓住却坚贞不屈被杀害，有的在祖国建设进程中忘我工作而劳累过度，更有的为应对各种突发情况而献出自己宝贵生命。在面对危机情况时，他们都毫不犹豫地选择了牺牲自己的生命保家卫国，把自身最珍贵的生命都献给我们党和人民。这些革命者有我们熟悉的进步人士，也有数不清的未曾留下名字的烈士，他们侠肝义胆，为了祖国、为了民族、为了大义，用自身生命铸造了党和人民的伟大事业，换来后代的和平与安宁。前仆后继的共产党人之所能够毫无保留地将生命献给党和人民的光辉事业，就是因为心中都有着对于真理的追求和对理想的坚定。即使在自身生命遭到威胁时，当前进道路面临阻碍时，依旧会有数不胜数的共产党人选择不放弃真理，不舍弃理想，抛头颅、洒热血，彰显了勇敢向前的民族精神。我们伟大的民族精神通过英勇斗争、顽强拼搏、前仆后继的实际行动也产生了更强大的感染力。

前仆后继的革命斗争精神感染着党的领导干部，它需要经受严格的思想锻造、实践历练，在严峻复杂的斗争中经历风雨，才能最终成为“真金”。它也在号召着当代年轻干部要自觉加强历练，在实践中学会坚强，在实践中得以成长，努力成为敢于斗争的勇士。中国共产党历经百年发展到今天风华正茂，主要原因之一便是在历史前进的脚步中不断经历洗礼，始终进行伟大的斗争。前仆后继、勇敢向前的革命斗争精神过去是中国共产党人的风骨和宝贵品质，未来依旧会是中国共产党人不断奋进的精神支柱，是党和国家的宝贵精神财富，具有代代相传的永久价值。

（四）英勇不屈

在中国几千年的历史发展进程中，中华民族经历了无数的困难和障碍，甚至几度陷入几近灭亡的颠覆险境。但是，我们国家一次又一次地奋起抗击，最终成功化解危机，并庄严地屹立在世界民族之巅。如今中华民族的强大、中华文化的辉煌，在很大程度上源于中华民族内在的精神与爱国的情感。不论是“先天下之忧而忧”的大局忧患意识，还是“天下兴亡，匹夫有责”的责任感，抑或是“自强不息”的顽强进取精神，都与我们中华民族的爱国主义传统相互关联。在民族危亡之时刻以爱国主义为核心的中华民族精神会更为凸显，中华儿女齐聚一心、顽强拼搏、英勇不屈、坚持抗争，最终经受住种种磨难，走向胜利。

中华儿女的英勇不屈精神不仅表现在其与大自然不断斗争并争取艰难生存之中，而且表现在其与违背大众利益的人物和现象的不断斗争上。在面对强劲之敌，中国人民依旧保持着英勇不屈的革命斗争和勇气，保持了迎难而上的勇往直前精神。正是因为拥有这种英勇果敢的民族特性，才得以在困难面前越挫越勇，遭受了挫折意志却越发坚强。20世纪上半叶，面对日本强敌的入侵，中国共产党领导大众同国民党广大爱国官兵合作奋起抵抗，以英勇不屈的精神在战场上保家卫国、浴血奋战，同日本侵略者进行殊死的斗争，展现了中华儿女对敌人奋战到底的顽强意志与为保护祖国不惜牺牲的革命英雄主义气概，用鲜血与生命撰写了一部捍卫民族尊严的壮烈史诗。

唐山抗震精神是凝聚了抗震救灾的巨大力量，是引领灾区人民渡过难关的精神旗帜。中华民族精神是抗震救灾精神凝聚而成的“源头”，人民内心对于祖国的信仰是抗震救灾精神发展流淌的“活水”，社会主义核心价值观则是唐山抗震救灾精神创新发展的延续。在唐山大地震的抗震救灾和震后重建过程中，无数唐山广大党员干部和民众先公后私、大公无私、克己为人、恪尽职守、无私奉献的事迹，充分体现了中国共产党人以国家和人民利益为至高利益的高风亮节，彰显了公而忘私的崇高品质；广大唐山人民不分你我、相濡以沫、信念坚定、守望相助，展开了迅速的自救互救，伟大的医疗救援和人民军队以及全国人民英勇无畏、救死扶伤、团结一心、众志成城，诠释了极限灾难中流露的人间大爱，展现了患难与共的人间真情；虽然大地震摧毁了唐山城市，但唐山人民不畏艰难、坚持不懈、临危不惧、坚贞不屈、迎难而上，在极端恶劣的生存环境和简陋困难的救灾条件中靠着顽强的意志和拼搏的精神勇敢面对、百折不挠，积极展开救援并很快复工复产，体现了百折不挠的城市韧性。在抗震救灾过程中全面展现出来的前赴后继、义无反顾、勇于担当、不怕牺牲、英勇不屈、迎难而上的精神，体现了唐山人民面对灾难、抗击灾难、战胜灾难的勇往直前的城市底色。若没有在地震苦难之中抗震救灾精神的迸发，也就不可能有如今的跨越发展和伟大胜利。实践证明，唐山抗震精神是历史性与时代性的有机统一，是民族精神与时代精神的紧密契合，是民族精神在新的历史语境中的现实呈现，因而是中华民族精神的重要体现。它不仅是当年抗震救灾、重建家园的力量源泉，也是今天为全面建成小康社会、实现中华民族伟大复兴的强大精神动力。

第二章　唐山抗震精神在抗震救灾过程中的体现

无私、忘我、感恩、博爱、坚持、勇敢、拼搏、奋斗……持续的思想文化发展为中华民族团结力量、凝聚一心创造了良好的思想前提，同时也为唐山抗震救灾过程中凝聚人心、汇聚力量提供了必要条件。可以说，唐山抗震精神的产生充分反映了我国在政治思想文化上卓越的建设成就。在唐山抗震救灾的过程中，党员干部和人民群众在灾难面前表现出高尚的道德、过人的勇敢、非凡的智慧和坚强的意志，这样的思想能量聚集到一起，诞生了伟大的唐山抗震精神。在唐山抗震救灾的无数事例中，在每一个鲜活的人物、温暖的故事中，深刻诠释了“公而忘私、患难与共、百折不挠、勇往直前”的传统内涵，并推动其内涵进一步深入发展。

一、全国支援中唐山抗震精神的体现

在党中央的号令下，一方受灾，八方支援。中国人民解放军日夜兼程，赶赴灾区，英勇顽强地投入抢险救灾。他们不畏艰险，不怕牺牲，连续作战，起到了坚强的突击队和主力军的作用。全国各省、市、自治区守望相助，派出医务工作者以及工业、交通、邮电、基建、供水、供电、矿山救护等各方面的抢险救灾队伍，对抢救伤员、防疫灭病、恢复电信联络、供水供电、恢复交通运输、抢救矿山、恢复生产、维护社会治安等方面做出了巨大贡献。全国各地、国务院有关部门和人民解放军及时运来了大批救灾物资，包括药物、粮食、食品、建筑器材和生活用品等。全国人民的心也紧紧连在一起，很多地区主动承担伤员的转运工作，很多地区民众也自发地开展捐赠、献血活动，传递着来自祖国四面八方的深深情意。时隔多年，很多亲历者仍清晰地记着帮助过他们的解放军士兵、医疗队队员的名字，有的甚至保持着多年的联系，并在社会需要时伸出援助之手，把这份情谊传承了下来。不仅展现了举国上下、患难与共的大爱无疆，还体现了唐山人民饮水思源、知恩图报的感恩之心。

（一）全国支援，勠力同心

地震发生后，兄弟省、市、自治区把灾区的困难当作自己的困难，想灾区人民所想，急灾区人民所急，迅速派来了医疗、工业、交通、邮电、基建等战线的支援大军，参与抢险救灾，为灾区迅速恢复电信网络、供水供电、恢复铁路公路运输起到了重要的作用。各方面的专业工人、技术人员和公安干警在抢救伤员、防疫灭病、恢复生产、维护治安等方面做出了巨大贡献。他们哪里艰苦去哪里，哪里危险往哪里冲。不管是在专业的一线，还是在危险的救援，都能看到他们的身影。很多地区提出了自己支援唐山的口号。上海市提出“帮助唐山恢复生产，上海的生产甩掉一块也心甘情愿”；辽宁省提出“全力以赴支援唐山”；吉林省提出“三人的任务两人干，抽出一人到唐山”。省内各地区也争先救助，支援大量物资，全力以赴，实行对口支援。真的是“需要什么给什么，需要多少给多少”，还提出了“灾区困难我们帮，灾区损失我们补”的口号。

大地震后，唐山灾民面对的首要问题就是没有水。8月天气炎热，水是生命之源。为了生存下去，灾民们想尽各种办法，就连雨水、地缝里的水、冰库里的水、游泳池里的水、洗澡堂的水，都用来求生存。正当灾区人民严重缺水的时候，北京重型电机厂的工人连夜赶制水车，安装了30辆装满清泉水的水罐车，满载着首都人民的情谊，把北京的水送到唐山，给唐山灾民带来了生命的希望。地震之后，唐山地区通信全部中断。没有通信，救援就无法高效、有序开展。辽宁省邮电局的支援队伍在地震当天就赶到灾区，抢修通信线路，接通了唐山抗震救灾指挥部和党中央的通信。他们冒着大雨，摸黑架线，排除各种障碍，开通电路，配合人民解放军通信部队为通信恢复做出贡献。山东省淄博矿务局救护队党支部书记董奎儒，在支援开滦煤矿抢险救灾中，带领37名队员到一幢4层的公房里抢险救灾，当时这个房子已经全部坍塌了，水泥板、砖墙堆了几米厚。实在没办法，他们用锤子、斧头砸开了6个深洞，自己钻到里面，连续奋斗20小时，用手扒出了17位灾民。随后，他们又赶到林西矿治水保矿，在井上休息待命的时候，及时到井下了解情况，主动运送材料。下井后，他们一直泡在齐胸深的水里，没喝一口水，没吃一口饭，一口气奋战了15个小时，抢修了5道石门的水闸墙，挡住了猛涨的地下水，保护了矿井安全。省内很多地区在大地震中也受灾了，但还是尽最大努力，支援重灾区。全省9个地区向唐山派出医疗队员，8个地区帮助恢复农田水利工程建设。深刻地诠释了“一方有难，八方支援；万众一心，众志成城！”

（二）全民关注，万众一心

灾难无情，人间有爱。唐山大地震后，举国悲痛。全国人民心系灾区，迅速掀起了声势浩大的群众支援唐山抗震救灾运动，形成了齐心协力的磅礴力量，带给灾区人民无限温暖和勇气。来自全国各地的民众涌现了可歌可泣的救援事例，展现出万众一心、生死与共；一方有难、八方支援；团结互助、共渡难关的感天动地的唐山抗震精神。

很多人得知大地震的消息，又不能前往灾区相救，非常着急，想尽办法展开捐赠，如各类捐款、献血、救援物资等。辽宁省海城县的农民纷纷把自己家里的小米、红糖、鸡蛋等拿出来，装了一百辆汽车，送给唐山灾区人民。有的农民看到运送救灾物资的汽车开动了，来不及回家取东西，就把自己当时身上穿的衣服脱下来扔到车上。唐山灾区收到了来自全国各地的救灾物资，缓解了灾区的燃眉之急，解决了短期灾区人民的生存问题。

很多人精心护理从灾区转运出的伤员、接收和安置异地上学孩子等。兄弟各省对灾民转运工作极为重视，在治疗方面倾尽全力，在生活方面无微不至。接收医院成立了专门的治疗小组，由专人负责，针对每位灾民情况给出治疗方案。对于一些不擅长的领域，接收医院还会聘请省外专家来为患者专门进行手术，最大限度保证灾民恢复健康。除了在工作中给予无微不至的照顾，生活上也给予温暖周到的关怀。每位伤员都有相应的补贴，还有发放的衣服等生活必需品。医护人员也会从自己家里给他们带来吃的、喝的，把受灾群众的孩子当成自己的孩子去爱。有的孩子随父母到外地医院治疗，医护人员担心孩子的功课落下，还会给孩子补习功课，带孩子去公园放松心情，给孩子买衣服、送文具。

就是这样紧密团结在一起的前线和后方，把全国人民紧紧连在一起，让广大不能亲自去一线抗震救灾的人民用自己的形式参与抗震救灾工作。正是他们的默默奉献和大力支持，支撑着一线的抗震救灾工作有条不紊地推进，更好地维护了受灾群众的生存和发展，奠定了抗震救灾斗争的伟大胜利。

二、自救互救中唐山抗震精神的体现

7.8级的大地震给唐山人民带来的灾难是巨大的。然而，广大的唐山人民在地震灾害前顶天立地，临危不惧。正所谓山崩地裂无所惧，泰山压顶不弯腰，广大唐山人民紧紧团结在一起，创造了一个又一个人间奇迹。地震发生后第一时间，广大的人民群众就展开了自救互救，争分夺秒，与时间抢生命。各级党员干部充分发挥了党员先锋模范作用，很多党员带头设立了抗震救灾临时党支部、指挥部，开展了家属院、工作单位的救助、巡逻等工作，保证了地震之后灾民生活、工作的有序开展。脱离了险境后，面对无医无药、无水无食的困境，灾民们紧紧地拧成一股绳，聚到一起就是一家，组成了震后共产主义大家庭，互帮互助，风雨同舟。不管是舍生忘死、奋起救人的援救，还是雪中送炭、暖心关怀的分享，又或是不求名利、甘于奉献的帮助，都彰显了唐山人民勇敢坚强的强大生命韧性和互帮互助的深深情意，将“公而忘私、患难与共、百折不挠、勇往直前”的唐山抗震精神展现得淋漓尽致。

（一）自救互救，相扶相帮

在这么巨大的灾难中，正是普通群众的团结一心，互相帮助，创造了唐山大地震自救互救的生还奇迹。据统计，唐山大地震后，大约有60万人被埋在唐山市区的废墟之中。其中有大约三分之一的人最先依靠自身的力量挣扎出来。正是这些最先脱险的人，不顾自身的伤痛，紧密团结起来，第一时间展开救援，争分夺秒，抢救生命。在震后的黄金救援阶段，在余震尚未再次席卷的时候，在生存充满希望的关头，伸出援助之手，给了这座城市更多生命以机会。那些幸运地能够自己从废墟中挣脱出来的人，迅速在家庭、周边展开搜索和救援。一些由于受伤、被压而不能逃离废墟的人迅速呼救，掩埋情况不复杂的人在他们的帮助下也实现迅速脱险。随后，家人、邻居三五成群地结合起来，想尽办法，救助掩埋复杂的亲人和邻居，并展开对生命迹象的进一步搜索。

面对满目疮痍的废墟，他们顾不上伤残的身躯，更顾不上流血的伤口，迅速投入救人的战斗之中。搬着沉重的废墟，指甲都磨掉了，手指都磨破了，鲜血直流，却浑然不觉；光着脚走在废墟上，不停地上上下下到处搜寻声音和求救迹象，脚都被划破了，也根本不知。不管是至亲至爱，还是邻里乡亲，甚至是萍水相逢的路人，有人在的地方，就有生存希望在传递。很多人在回忆唐山大地震救援的过程中，都谈到了自己死里逃生的过程。由于当时是凌晨，施以援助之手最多的是离他最亲最近的亲人、住在周边的街坊邻居、租房居住的房东……在单位居住和上夜班的人，则是受到了朝夕相处、一起工作的同事，单位门卫老大爷等的救援。这其中既有一家人在危难中相互救助、脱离险境的故事，又有举全家之力，帮助左邻右舍解决救援关键的温暖。甚至回忆中有很多是从废墟边路过，赶上救援需要搭把手的未曾谋面的陌生人，他们是真正的无名英雄。正是感人的相扶相帮和互救互援，展现了人与灾难抗争的强大能量，彰显了伟大的人性光辉，让城市在爱的传递中看到了希望。

（二）同舟共济，共渡难关

在震后最初的时日里，灾民们虽然在自救互助下暂时脱离了险境，但仍面临着无医无药、无食无水的困难局面。当时的情况是极端困难的，除了继续抢救被压人员，救出的人同样需要想办法安置：大雨中人们需要躲避的地方，受伤的老人孩子需要食物，重伤的灾民需要交通工具外运，轻伤的人们需要及时救治。此时，解放军和医疗队尚未到达，灾民们靠自己的双手也必须活下去。就这样，灾民们紧紧地拧成一股绳，聚到一起就是一家，组成了震后共产主义大家庭。灾民们不分你我，过上了有衣同穿、有食同分、有棚同住、有技同享的日子，真可谓同舟共济，共渡难关。

正是这样的温暖大家庭，不仅解决了灾民们短期内吃、住、用等现实困难，更给了人们心灵以慰藉，让灾民在飘摇无助的废墟中感受到安定和温暖，使人们在相互帮助中得以生存下来。震后下起了大雨，人们在废墟里一起寻找棍子、塑料布等材料，用废墟中的材料临时搭建起小窝棚，让伤员、老人和孩子躲进去，各家的老弱妇孺几十口人聚在窝棚下。大雨挡不住继续救人的脚步，棚子也能让人有个遮风避雨的地方，特别是受伤的人和失去亲人的孩子。一些失去亲人的孩子不知所措，大家庭里的人就把孩子们招呼进棚子，像照顾自己的亲人一样照顾他们。棚子里空间有限，一个窝棚里只能容下几十人。大家都相互谦让着，优先让老人、孩子和受伤的人去。一些人冒着余震跑到自己没倒的屋子里，找出棉被、单子，给棚子里的老小铺盖。夜晚，棚里的空间更紧张了，男士们自觉把中间位置留给孩子、老人和女士，自己去找边角，甚至去棚子外待一宿。很多人在余震间隙，冒着生命的危险，抢救出自家被压埋的生活物资。有人看到自家的厨房没倒，就自己想办法从里面弄出吃的：米汤、大饼、米面，甚至有人找来砸伤的猪、牛。就是这用生命换回来的口粮，没有人舍得独享，而是慷慨地分给聚集在一起的所有灾民。有一个外地来唐山的家庭，平时和周围邻居也不怎么熟络。家里有一个嗷嗷待哺的孩子，孩子饿得哇哇大哭。看着摇摇欲坠的大楼，一位年轻力壮的邻居挺身而出，爬上危险的3层，到自己的家里帮孩子找到了奶粉。受伤的灾民等待着生的希望，很多人冒险在医院废墟里爬上爬下，在余震中不顾自身安危，甚至到地下室去寻找可用的药物和医疗用品，甚至是代替物品。医生、护士、卫校学生，任何有医疗经验的人都在医疗队到达前竭尽全力为周边的灾民展开治疗。一些村庄里没有医生，也没有药。有医学知识和健康常识的人会主动站出来，告诉大家一些基本方法，如雨水烧开了可以饮用，伤口可以用水加上一定的盐，烧开了放凉后擦拭，能简易消毒、防止感染。还在家里用大锅给大伙儿烧盐水，随时准备着提供给大家。就这样，人们在地震后聚集在一起，亲如一家，相互帮助，生存下来。解放军和救援队陆续到达后，大家仍一起在简易棚里分享空投的衣服和食物，一些年轻人主动请缨，帮助解放军、医疗队做一些力所能及的事情，如给伤员消毒、打针、换药等。

（三）先人后己，舍己救人

地震之后，唐山地区各级党员干部发挥了先锋模范作用，表现出高度的责任感。很多党员顾不上自己尚未脱险的亲人，挺身而出，带领群众展开救援。很多群众挣扎着从乱砖碎瓦中爬出来，忍着伤痛，不顾家人，率先抢救其他群众。真正体现了舍小家为大家、牺牲个人为集体的公而忘私、无私奉献的精神。

在抗震救灾的斗争中，优秀的党员干部和坚强的党组织为大家铸就了抗震的战斗堡垒。他们最早站出来，成为大地震发生后的中流砥柱。很多党员干部听说唐山大地震的消息后，即使在出差也立马赶回唐山，直奔抗震救灾和工作单位，到一线指挥工作。有的和家里没有丝毫联系，不知道家里的任何音讯，直到一个多月后才回到家中。有的知道家属在地震中丧生，但忙于工作，都没来得及回家看一眼。很多党员干部刚刚被抢救出来就忍着伤痛，跑遍家属院几条街，把脱险的工作人员组织起来，建起临时的党组织，了解灾情，指挥救援。时任地委书记、地革委会副主任的张一萍，在地震前一天到抚宁洋河水库检查水库非常溢洪道施工情况。得知当天夜里唐山地震，立马赶回唐山，直奔抗震救灾指挥部，并没有回家。张一萍的5位家属在地震中丧生，他的小女儿告诉他，家人的遗体被解放军都扒出来了，让他回家看一眼。张一萍在开会，说散了会再回去，他的女儿在地委等着他散会回家，等到最后遗体全让解放军汽车拉走，到郊外掩埋了。由于紧张的工作，张一萍昏倒在地委机关院内，苏醒过来后，继续投入救灾工作。

面对地震后的情形，广大群众心向集体，来不及悲伤，顾不得一家一人的得失，奋不顾身，顾全大局，立马投入紧张的救援中。在最危急的关头，本能地伸出援助之手，抢救出素昧平生的鲜活生命，表现出了唐山人民的无私、善良与勇敢。其中，有非常多感人又遗憾的故事：一些人从地震中死里逃生，却不顾个人安危，去危险的地方救人。余震不断，连续救出很多个人，自己却在救人的过程中牺牲了。很多人听到周边朋友、邻居的呼喊，赶紧去营救，可是回头再救自己亲人的时候已经来不及了。一些人从废墟中爬出来后没时间救自己被压的孩子，而是先去抢救村里的懂医的人，虽然医生的存在救活了更多的人，但他却永远失去了自己的孩子。很多人在震后看望亲人的途中遇到无数求救，听到殷切的呼救声，看到废墟下渴望生存的眼睛，虽然时间紧急，但是不能见死不救，就走一路，救一路，自己都不知道救的是谁，救了多少人，却错过了救助家人的最佳时机。

（四）先公后私，克己奉公

唐山大地震发生后的危难关头，各厂矿企业和广大工人发扬了无所惧的坚持和大无畏的奉献精神，怀着对家人的无比挂念，坚守在需要他们的工作岗位上，书写了动人的篇章。他们先公后私，克己奉公，以工作为先，展现了勇于担当、忠于职守的英雄气概，甚至付出了宝贵的生命。无数无暇处理家事、一心投入工作的感人事迹，反映了他们极高的工作素质和强烈的责任感，展现了唐山劳动者无私无畏、英勇顽强的奉献精神和责任担当。

无数单位的干部和工人不顾自己和家庭的安危，克服自己的困难和伤痛，强忍着亲人离去的伤悲，第一时间回到单位，全力抢救同时，保护机器设备，抢救国家财物。甚至很多人在未知家人安危的情况下仍然坚守在工作岗位上，夜以继日地开展抢险救灾工作。不论是在百米矿井深处工作的工人，还是在医院上班的医务工作者，还有粮店、学校等单位夜间值班的工作人员，都牢记工作属性，展开单位救援。危难中，既有矿井深处矿工有序撤离、安全抵达地面的惊心动魄，又有全力转移病人、营救被困患者的争分夺秒。其中，有太多感人的故事值得记录和传颂。西北井粮库的党支部书记本来要在秦皇岛开会，赶回唐山后直奔西北井粮库，组织党员突击队轮流值班，妥善处理倒塌的库房和粮食，使粮库的损失降到了最低，保护了国家财产，保证了参加灾区救援工作人员的粮食供应，直到情况稳定后才回家。

唐山大地震波及范围很广，除了震中心，很多地区都有震感。大地震之后，大家归心似箭、人心惶惶。有一些人提出了请假要求，想要回家抗震救灾，但是工厂需要运转，设备需要看护，也需要人留下。很多人会克服种种困难，毅然决然地站出来、留下来，以强烈的工作责任感坚守在平凡的岗位上。家住震中的水厂铁矿北采车间副主任王晓义就是这样，直到单位托词派他去震区慰问车间的矿工，他才顺便回家看看家中情况。看到家人都在地震中幸存，他又在第一时间赶回了单位，最早回到了矿山参与单位的抗震救灾。正是有了无数忠于岗位、恪尽职守的工作人员，才使得整个社会的自救互救有序开展。

（五）攻坚克难，顽强斗争

地震是无情的，是惨重的。英勇的唐山人民在坚强的意志支撑下，临危不惧，负重奋进，攻坚克难，与自然展开了殊死搏斗，创造了一个又一个死里逃生的奇迹。唐山人民以顽强拼搏的意志，不畏困难，迎难而上，用顽强的意志和灵活的方法解决了一个又一个难题。从共产党员、共青团员到普通百姓，从单位干部到普通工人，每个人都不怕牺牲、挺身而出，只要还有一点希望就拼尽全力救一救、搏一搏。

地震发生后，群众处于危难之中，最重要的就是组织力量抢险救人。唐山人民自力更生，在极其困难的条件下，既不消极等待国家救援，又不伸手向国家要条件。勇敢面对现实困难，各个方面守好自己的本职工作，关键时刻挺身而出。大家紧紧团结在一起，无怨无悔地伸出援救之手，履行了自己的职责，举起自救互救的大旗。唐山市委第一书记许家信、市武装部几名负责同志在西山口市武装部门口成立了唐山市抗震救灾指挥部。唐山市人民汽车公司党总支副书记李玉珍，看见市委领导们冒雨办公，就开来一辆公交大客车，给指挥部当办公室用，市委宣传部干部刘宴找来笔和纸，写了“唐山市抗震救灾指挥部”几个大字贴在公交车上，展开了抗震救灾指挥工作。

虽然十分简陋，但当时成了市委、市革委，乃至唐山的主心骨。脱险的干部看见后都向这里集中，集合人员，群策群力，布置工作，安排紧急救灾，安抚受灾群众。

地震发生时虽然是凌晨，当时开滦工人们正在有条不紊地进行夜间作业。大地震发生后，身处地下深处的矿工们临危不惧，在未知的状况中有序撤离险境。吕家坨矿党委常委贾帮友地震时正在井下同工人一起挖煤。在危急关头，他立即组织了临时党支部，指挥工人井下逃生。当时他提出的口号是：群众先上，党员后上；工人先上，干部后上，党委委员最后上。在他的指挥下，1000多名职工，在井下走了十几华里，镇定自若地通过备用通风口爬上地面。直到井下工人全部安全脱险，他才最后一个上来。地震发生后，赵各庄矿采煤五区0597工作面塌方，阻断了井下矿工的撤离通道。老班长陈树海带领其他4位同志沉着镇静、顽强战斗60多个小时，用安全帽一点一点挖通塌方，一步一步爬上了800多个台阶，但还是被涨上来的水困住了。陈树海冷静地带领大家保存体力，5个人躺在矿车上，饿了喝点井下水，冷了搂在一起取暖，顽强地坚持了15天，最后成功被峰峰煤矿抢险队救出。无数激动人心的撤离故事，展现了开滦工人“特别能战斗”的钢铁意志。

地震的时候是凌晨，大多数人在熟睡中，没有丝毫的心理准备。建筑物轰然倒塌后，被压在废墟之中，是死一样的沉寂。逐渐清醒的人们都不知道发生了什么，有的人被压在木板下、有的人被压在房梁下、有的人被卡在缝隙里、有的人被蚊帐紧紧包裹着、有的人被挂在建筑物半空中……各种情况，牵一发而动全身。那个年代，救援水平和装备十分有限，市里几乎没有多少大型的救援设备。在地震突发情况下，逃出来的人们着急救人，不要说设备，就连工具都很难找到，只能赤手空拳。那时候，唐山的房屋建筑是很多人家房顶盖着大焦子板，非常重，压在人身上，想要逃生十分困难。时间久了，就会有窒息的风险。人们要是发现焦子板下有声音，就几个人一起动手搬运。移不动时，大家想出各种办法，有人找来圆木，一点点地撬，一点点地垫高；有的人发现焦子板在地震中有裂开的地方，就一块块地搬，一点点地腾出地方；有的人找来铁镐、撬杠，使劲用力把焦子板砸开；有的人什么工具也没有，情急之下，只有用手掀开，几个人合力，不顾手指血肉模糊。

三、军队救援中唐山抗震精神的体现

唐山大地震发生后，中国人民解放军11万多人日夜兼程、奔赴灾区。正所谓山崩地裂无所惧，泰山压顶不弯腰。他们不分昼夜，顾不上危险，忘记了劳累，即使环境恶劣、血肉模糊，也毫不退缩。他们和受灾群众一起，无私给予，同吃同住，共面灾难。既展现了灾难面前中国军人血气方刚、无所畏惧的英雄气概，又像爱护亲人般爱护幸存者、尊重体面地安置遇难者，流露出军人的大爱和温情。在这场抗震救灾斗争中，涌现出许多解放军先进集体和模范人物，创造出许许多多可歌可泣的英雄事迹。他们用行动深刻地诠释了“公而忘私、患难与共、百折不挠、勇往直前”的唐山抗震精神。

（一）忠诚于党，听党指挥

面对唐山大地震特大灾害，人民子弟兵冲锋在前，英勇顽强地抗震救灾，起到了地震救援坚强的战斗突击队和主力军的作用。在接到军委命令后，各部队第一时间赶到灾区，不管环境多么恶劣，任务多么艰巨，都坚决完成党和人民赋予的救援任务。把铁一般的信仰、铁一般的信念、铁一般的纪律、铁一般的担当展现出来。

作为军事重镇，唐山本地驻军力量强大，成为唐山大地震后最早的部队救援力量。受到地震的影响，一路上桥梁断了，公路毁了，原本很近的路程却难以到达。很多战士随身只携带了一个背包，很多战士为了争取时间，跑步前进，到达灾区。由于当时的条件有限，唐山地震的救灾工作非常原始。战士们只能徒手救援，没有工具自己解决，起先是用手扒，后来用铁锹挖。加上天气炎热，尸体很快就腐烂了。面对恶臭的空气和瘟疫的可能，战士们毫不退缩，在最初没有口罩、手套、防毒面具等防护措施的条件下，坚持救援战斗，挖尸用双手，抬尸用双肩。唐山地震之初，水电全部中断，部队带去了食物，但是没有水烧饭，战士们集体消瘦。就是在这样艰苦的环境中，人民子弟兵坚持战斗，克服千难万险，打破不可能，创造了无数生命奇迹。从高级将领到普通士兵，发扬英勇顽强、连续作战的战斗精神，坚决完成党和人民赋予的任务，为灾区人民带去生命的希望和生活的勇气。

（二）舍己为民，无惧生死

我军的战斗历程就是一部英勇顽强的战斗史，我军靠着“小米加步枪”打败了飞机大炮武装的国民党军队，靠着赴汤蹈火、前仆后继、英勇战斗的大无畏精神打败了武装到牙齿的美军。唐山大地震救援中，战士们也凭借英勇顽强的战斗作风，不怕艰难困苦，不怕流血牺牲，在恶劣的环境下，冒着生命危险，冲锋在前，勇挑重担。危难面前，人民子弟兵赴汤蹈火、粉身碎骨也要救人民于水火。在群众彷徨无助的关键时刻，战士们用大无畏的气概赢得了人民群众的信任和赞誉，成为黑暗中的一束光。在他们面前，没有完成不了的任务，没有克服不了的困难，真可谓，哪里最危险就战斗在哪里，哪里最困难就战斗在哪里，哪里最需要就战斗在哪里。在部队救援唐山大地震中，人民子弟兵放弃小家、顾全大家，只讲奉献、不求回报，毫不利己、专门利人，以最自觉、最勇敢、最有力的担当，把群众的利益托举在自身之上，舍弃自身利益，维护国家和群众的利益，顾全抗震救灾的救援大局，展现出崇高的思想境界。

当时许多官兵的亲属也在地震中遇难，但他们顾不上去看一眼，就奋不顾身地投入了救援。24军炮团副团长，家在唐山。虽然他身体不好，但却积极请战，带领部队赶到唐山，参加抗震救灾。他所在的团指挥所就设在他家附近，得知他的妻子已经遇难，母亲又受了重伤，别人劝他回去照顾一下，他坚定地说："我是来救灾的，不是来救家的。我的家是小家，广大受灾群众是大家，我应该舍小家顾大家。"等到女儿见到他，一头扑在他的怀里。他鼓励女儿要坚强，要同自然灾害做斗争。虽然他带领部队战士挽救了100多位受灾群众，但是却没来得及看望妻子的遗体。海军23基地来唐山抗震救灾的指战员中，也有不少同事的亲属住在唐山。但他们顾不上亲属的安危，一心扑在抗震救灾上。其中，一位小战士在地震中失去了13位亲人，仍然坚强地说："悲痛只能把我的革命劲头鼓得更大，为了灾区人民，我随时准备献出自己的一切。"有一位战士，家正好住在唐山市郊，是地震的中心区。得到家乡发生强震的消息后，十分担忧家人的安危。在部队下达了赴唐抗震救灾的命令之后，他风雨无阻、日夜兼程，坚持开车29小时，到达灾区。在开车路过村头的时候，看到村中房屋倒塌严重。虽然有同志劝他回家看看亲人，但他想到党员的先锋模范作用，毅然决然地把车开到目的地，投入紧张的工作任务中。后来，上级分配他担任救灾物资的抢运任务，他又以大局为重，曾三次路过家的村头而不入。

虽然唐山大地震的救援现场惨烈，情况多变，任务复杂、繁重，但有了战士们坚定不移的必胜信心，保证了战士和受灾群众稳定的心理状态，最大限度激发了战斗激情，真正做到了遇险不惊、坚持不懈、连续作战、科学处置。可以说，坚定不移的必胜信心和齐心协力的战斗气势，奠定了抗震救灾的基础，展现了军民万众一心、同仇敌忾、人定胜天的英雄气概。

（三）患难与共，鱼水情深

在唐山抗震救灾中，广大人民子弟兵牢记毛主席的教导，践行全心全意为人民服务的宗旨，充分表现出人民子弟兵热爱人民、服务人民的高尚品质。他们和受灾群众一起，无私奉献，同吃同住，患难与共。既展现了灾难面前中国军人血气方刚、无所畏惧的英雄气概，又像爱护亲人般爱护幸存者、尊重体面地安置遇难者，流露出军人的大爱和温情。

部队刚到灾区时，灾民的生活必需品都被倒塌的房屋压在下边，救灾的物资也没有送到，幸存的灾民没有水喝，也没有食物吃。战士们从部队带来了食物和水，在昼夜不停的救援中补充能量。可是很多战士不舍得吃，自发地节衣缩食，把节省下来的干净的水、食物和生活用品分给灾民，自己吃个五分饱就继续投入战斗，有的地方战士甚至一口都没吃。39军116师的师直侦察连到达灾区后，把做好的第一锅饭、烧开的第一锅水送给了受伤的群众。他们又从倒塌的商店里挖出了2万多元的物资，连夜搭起了简易棚，建起了唐山市第一个“震兴商店”，解决了群众急需的生活物品。40军的一个卫生员看到一个受灾职工因输尿管破裂，三天不能排尿，生命岌岌可危。情急之下，他用嘴含着导尿管一口一口地吸出血尿。伤员的家属感动至极，流着眼泪说家属自己来做这样的事情。可小战士却说，人民也是他们的亲人，他不怕。这些军民鱼水情深的故事正是人民军队和人民同呼吸、共命运、心连心的生动体现。抗震救灾过程中，广大指战员急灾区人民所急，想灾区人民所想，广大唐山群众一致赞扬说，人民军队爱人民，到处都有活雷锋。

人民的军队爱人民，人民的军队人民爱。虽然唐山大地震发生时，唐山人民勇于与自然抗衡，团结一心、共克时艰，使唐山成了一座没有哭声的城市，但解放军救援部队离开时，唐山人民追着部队的车子，爆发出惊天动地的哭声。这是人民对军队深切感恩的流露，是受灾群众情感的释放。

（四）军令如山，守纪如铁

纪律是一支军队的命脉。在党的领导下，我军以治军严明著称于世，从“三大纪律八项注意”到“不拿群众一针一线”，形成了严明的作风和铁的纪律，塑造了威武之师、文明之师的良好形象。唐山抗震救灾过程中，战士们坚守钢铁般的纪律和作风，将军纪严明这一人民军队的优良传统传承和发扬。

唐山大地震后，唐山地区很大范围断水断电，公路不通，铁路被毁，桥梁震断。就在这样极端的情况下，以救援为原则，各部队分秒必争，特事特办，用尽一切力量、想尽一切办法在规定时间内到达灾区。得到部队的指示，40军“解放锦州尖刀连”在黑夜中冒着大雨行进，用最快的速度赶到灾区。沈阳军区某部官兵开赴滦县地区救援时，来到滦河东岸，由于滦河大桥断裂，车辆不能前行。面对滔滔河水，首长命令工兵架设浮桥。侦查连的战士们心急如焚，舍身探水，摸索出一条水深到达肩膀的险路，然后手拉手组成一道标志线，让大部队安全通过。救灾部队的纪律非常严格，不拿群众一针一线，不在居民家里吃饭，不吃居民家中果品副食，不到救灾商店购物。供给用完了，战士们饥渴难耐。一位大娘获得一块冰，如获至宝。她悉心包裹着送给小战士，战士不要，灾民大娘硬给。直到冰块开始融化，大娘摸了摸士兵的脸，说了一声“好孩子”，然后失望地离开了。震后大约一周，各地的救灾物资源源不断地运进唐山，灾民们分享给战士，但他们从来不要。抗震救灾时，散落在废墟中的各种物品随手可拾。只要是群众有用的财物，战士们都小心翼翼地清理出来，尽量使群众减少损失。部队规定，战士们在废墟中扒出的一切物品都必须上缴，包括手表、金银首饰、现金、票证等，没有一人不去遵守。一名新入伍的战士向灾民要了两个信封和几张信纸，领导批评教育他后，将其退伍，并送回原籍。震后10余天，38军114师炮团7连1排指战员受命清理唐山市新华中路人民银行办事处被震塌的金库。据记载，金库里面压埋着现金915150.09元。战士们汗流浃背，满面灰尘，在狭小的废墟里大海捞针般地搜寻散落的现金，最后奇迹般地将全部现金都找到了。经银行清点对账，一分不差。

四、医疗救援中唐山抗震精神的体现

唐山大地震发生后，无数幸存下来的灾民生命垂危，医疗救治刻不容缓。在短短20天内，来自全国283个医疗队1.9万名医务工作者驰援唐山，克服了在正常情况下难以想象的困难，为几十万受伤群众治伤治病。在情况紧急、医药不足、人手不够的情况下，与死神进行殊死搏斗，顾不上吃饭和休息，科学灵活地处置各种复杂情况，发扬医务工作者救死扶伤、无私奉献的精神。他们战斗在抗震救灾第一线，挽救了无数生命，让徘徊在生死边缘的灾民转危为安。在基础救治下，10万多名重病伤员被送往吉林、辽宁、山西、陕西、河南、湖北、江苏、安徽、山东、北京、上海等11个省市接受治疗，这是历史上罕见的伤员大转移。转运的伤员受到了当地政府、人民的热情救助，感到了党的温暖和生的希望。在医院更为完善的医疗设施和医护人员的精心治疗下，幸存的唐山重伤员建立起重获生命、战胜病痛、回到故乡、重建家园的信心。由于卫生防疫工作的开展，医护人员与解放军也在疫情防护方面做出了特别的努力，创造了大灾后无大疫的举世奇迹。在全力救治灾民的过程中，医务工作者彰显了特殊时代背景下的责任与担当，在全力救治灾民的过程中不惧艰险、舍生忘死，精益求精、灵活处置，展现了大无畏的英雄气概，谱写了可歌可泣的生命篇章，用行动深刻地体现了“公而忘私、患难与共、百折不挠、勇往直前”的唐山抗震精神。

（一）舍家为国，快速响应

唐山地区发生严重的地震灾害后，党中央第一时间调配全国的医疗力量。在政府的部署下，各单位发布抗震救灾的通知，召集大家简单准备一下必备物品，紧急集合，等待指示。

想到灾区的需要，想到用医术救人，各单位的医务工作者踊跃报名。虽然面对着各种复杂的现实问题，他们有的刚值完夜班，有的刚做完几台大手术，但挡不住驰援的心情和脚步。正是医疗队快速响应，为灾区人民带去生的希望。第一批医疗队员面临的首要困难就是如何到达唐山灾区。在那个运输尚不发达的年代，虽然各地都为医疗队员准备了运输专列，但列车当时的运载水平十分有限，延误了到达灾区的第一时间。以第一批上海医疗队为例，大地震发生的当天，即7月28日，上海就开始筹备医疗队员和药品物资等，开始了出发前的准备工作。每位队员平均负重30公斤左右，包括药品、干粮、饮用水、简易帐篷等。准备工作就绪，7月29日清晨下达了出发命令，登上了专列火车，赶赴唐山。从早晨开始，一路走走停停，车速缓慢。火车颠簸了一天一夜，30日上午才到达了天津郊外的杨村。由于受到地震的破坏，原来的铁路线路已经不能开进唐山，只能在杨村由汽车转成飞机，但当时的空运能力也十分有限。时值盛暑，气温很高，医疗队员们只能在烈日下等待转移，候机人员很多。但困难挡不住医疗队救援的脚步，在辗转多时之后，最早的上海医疗队终于在30日晚上到达了唐山，并建立了临时医疗点，对患者进行救治。

他们北上唐山，辗转来到灾区，不惧艰险，甚至抱着一去不复返的信念，克服了在正常情况下难以想象的困难，自力更生，为几十万名受伤群众治伤治病。在情况紧急、医药不足、人手不够的情况下，不顾吃饭和休息，与死神进行殊死搏斗。

在生命垂危的紧急关头，接续卓有成效的自救互救和解放军救援，与广大群众一起，成为挽救人民身心、凝聚人民力量的灵药。

（二）无私奉献，救死扶伤

在抗震救灾的伟大斗争中，每一位受灾群众都被尽心尽力地救治。哪怕有一线生的希望，都不会被医疗队放弃。上至近百龄的老翁，下至几个月的婴孩，每一个生命都得到认真救护。医务工作者早已把生死置之度外，浑然不顾个人安危，把灾民的救治放在首位，全力以赴进行救援。从没有人想过要得到什么报酬，拿到什么好处。正是这种为医奉献、救死扶伤、无私利他、自我牺牲的精神带给了健康受到重创的唐山人民以光亮，坚定了大家战胜病魔，恢复健康，重建家园的决心。

由于在路上耽误时间较长，等到救援队到达唐山时，等待救援的伤员们已经积压了很多。医疗队来不及整理衣物，来不及稍作休息，就投入紧急的医疗斗争中。在紧急抢救阶段，医护人员不顾疲劳，快速展开救治，很多医疗队员连续十几个小时不间断地工作，没喝一口水，没吃一口饭，更没有片刻的歇息。直到累得晕倒了，才分批轮流吃自带的压缩饼干、馒头、咸菜等简易食品，体力稍一恢复就又投入抢救工作中。在开始的前三天，面对着亟待救治的伤员，很多医疗队员一点觉都没睡，一直坚持在工作一线。在当时，医疗条件也十分艰苦。没有手术室就支个帐篷，没有手术灯就多打几个手电，没有血浆，就抽医生们自己的血。由于随身携带的药品和器材十分有限，再加上交通拥挤，后勤物资在最初阶段十分紧张。医疗队背去的包括局部麻醉剂在内的药物几乎在半天内就用完了，很多手术不得不在动用针刺麻醉的辅助配合下进行，给医生治病带来了很大挑战。医疗队员们住在帐篷里，天气炎热，再加上下雨，大家饱受蚊蝇叮咬之苦。虽然生活条件十分艰苦，天气潮湿闷热，余震地动山摇，空气腐臭，断水断电，通信不畅，交通不便……但是队员们只有一个信念，那就是作为医务工作者，救死扶伤是天职。

（三）内外配合，共同应对

地震发生后，虽然在灾区进行了卓有成效的现场医疗救援，但考虑到唐山灾区的实际医疗承载力，远远不能满足后续治疗的需要，特别是危重灾民的救治。因此，在党的领导下，有序展开了伤员的转运治疗工作。在基础救治下，10万多名重病伤员被送往吉林、辽宁、山西、陕西、河南、湖北、江苏、安徽、山东、北京、上海等11个省市治疗，这是历史上罕见的伤员大转移。兄弟各省对灾民转运治疗工作极为重视，不仅成立了指挥部，还热烈迎接了伤员，在治疗和生活方面更是无微不至。各方积极协调，妥善安置，一切以唐山伤员优先。不管是张贴了欢迎伤员的标语，还是省市领导到车站、机场亲自迎接，都让在灾难中幸存的唐山伤员感到了党的温暖和生的希望。转运到外地的伤员在当地受到了特别的重视，很多被安置到综合医疗条件好的对口医院，医院成立专门的治疗小组，对其提出特殊的治疗方案。来自当地政府、企业、人民的温暖，给了灾区人民极大的力量。正是他们对伤员的治疗和生活给予的无微不至的照顾，增强了灾民战胜伤病的勇气。在医院更为完善的医疗设施和医护人员的精心治疗下，幸存的唐山重伤员树立起重获生命、战胜病痛、回到故乡、重建家园的信心。

（四）技术优良，精益求精

各省市派出的医疗队都汇集了精兵强将，医疗技术精湛。在发生大地震的极端情况下，技术优良的医疗队伍用过硬的救治本领，采用最适合、最科学、最具效果的诊疗手段，解除伤者的痛苦，使其恢复了健康。在特别的环境下，医务工作者也不忘刻苦钻研，增强了实战能力，获得了科学知识的更新和积累。随着救治环境的变化，不断调整治疗方案，在救治基础上有所发明，有所创造，真正做到了技术上的精益求精。

孕妇分娩本来是十分常规的医疗任务，但在地震的抢救阶段，却带来了诸多困难。有的孕妇身体较弱，在地震之后更是发烧、昏迷，危险状态时有发生；有的孕妇在地震中受伤，特别是骨盆、大腿骨等骨折，造成分娩的困难；有的孕妇内脏受伤，呼吸困难，各种病症纠结在一起，一时之间难以抉择。这都给救援工作带来了很多挑战。医疗队员们哪怕是在行军路上，也是随时随地待命。38军先进卫生科的同志们行军至唐山人民公园附近时发现了公共汽车上一位大腿骨折、正在发烧、流血不止的产妇，是她的弟弟用小刀割了几刀，她才把婴儿生下来。可当时婴儿脐带流着血，如不及时抢救，母子都有生命危险。就这样，抢救组因陋就简、因地制宜，对母子进行了急救处理，并且自制夹板，将右腿固定。不仅让母子转危为安，而且精心呵护，给大人喂水喂饭，帮小孩喂奶擦尿，出主意、想办法，创造条件为产妇治愈伤病。等情况稍稳定后，医疗队就进入了常规医疗阶段。支援唐山的医生既关乎外科、内科大门类，也涉及眼耳鼻喉科、精神心理科、儿科、妇产科等专业，具有极强的业务能力。不仅能够面对本科内的伤情进行诊治，同时能够对多发病情进行准确的判断，提供最优的治疗方案。整个医疗团队既做到了分工明确，又形成了协同工作，极大地提高了救治效率和效果。由于技术高超，除了地震中的伤情，医疗队还耐心地解决灾民们在当地医院看不好的陈年旧病和疑难杂症，以及地震引起的后遗症，提升了整个地区的健康水平。时至40多年后，在唐山大地震救援口述采访过程中，提起上海医疗队等医务工作者，大地震亲历者们仍然为他们精湛的医术和高超的技术感到深深的敬佩。

五、恢复重建中唐山抗震精神的体现

在经历了惊心动魄的抗震救灾后，又迎来了史无前例的城市恢复。在恢复重建中，唐山人民不计较个人得失，奉献小我，心为集体，克服困难，迎难而上，以无畏的勇气投入抗震救灾和重建家园的伟大斗争中。全国人民团结一心，毫无保留，给予了及时、高效、专业的援助，帮助唐山人民度过了最困难的日子。这一切，都彰显了“公而忘私、患难与共、百折不挠、勇往直前”的抗震精神。

（一）心念岗位，舍家为厂

地震之后，通信全部中断。震源是哪里，情况怎么样，灾民们一无所知。很多人死里逃生，救出了周围的人，简单安置了家庭，就着急去看单位的情况。有些灾民地震时请假在家，听说震中在唐山市，离单位很近，就骑上自行车，立马赶回单位。无数党员奉献在前，工人们也纷纷到工厂、企业报到，集体参加抗震救灾。他们以顽强拼搏、勇往直前的精神克服重重困难，顽强奋战。

赶到工作单位，眼前的废墟让大家惊呆了。广大职工发扬“一不怕苦，二不怕死”的革命精神，对未完全倒塌的厂房进行排险加固，自己清理废墟，建设简易厂房，冒着余震的危险进入震损严重的厂房生产。唐山陶瓷试验场是当时国家航天航空重要陶瓷器件的生产研制单位，档案室保存着重要文件，如机密材料、机密配方，试验总结记录等。档案室在工业楼的最上层，是保密的，外人不知道但急须抢救。虽然整个大楼还没有全部塌陷，但余震时有发生，大楼摇摇欲坠。别说找资料，即使是上下楼梯也十分困难。想到这些资料的重要性，档案室的负责人和保管员相互打气，互相壮胆，匆匆上楼，把资料拿出来。看楼没有倒，一遍又一遍鼓足勇气，把机密资料拿出来，保管好。作为异地重建单位，唐山轻机厂党委要求“绝不坐吃搬迁饭，创造条件多贡献”，刘国刚、赵宝城等5名中层干部带领职工昼夜奋战，被地震砸成多处骨折。全体职工提出

“早上六点半，带上两顿饭，晚上黑了算，星期天做贡献，关键时刻连轴转”的口号。工人们不等不靠，以厂为家，吃住在单位，黑白天加油干，用极快的速度建成了简易厂房。当时，在技术科党支部书记郭文广的带领下，只有17人的团队仅仅用了30天的时间，就利用废砖和竹竿、油毡、石棉瓦等材料建成了460平方米的工具车间。随后，各科室鼓足干劲，金工车间用了两个多月建起了1584平方米的小金工车间，钳工车间完成了封闭车间房山和简易房建设。就这样，一面组织建设，一面组织恢复生产，在不耽误生产任务的基础上，自力更生，圆满地完成了简易房建设的任务。这些都是广大唐山人民舍己为公、自力更生、英勇顽强的缩影。

（二）不怕困难，恢复生产

在各方开展救援的同时，唐山人民也在积极进行生产自救。唐山各厂矿工人凭借百折不挠、勇往直前的奋斗精神，争分夺秒地清理废墟，抢修设备，恢复生产。唐山大地震中，唐山工人劳动力损失重大。在这样的艰苦背景下，唐山广大工人从地震的伤痛中走来，撸起袖子加油干，投入恢复生产和家园重建的战斗中。在抗震救灾、重建家园的过程中，无畏的唐山人民迅速从灾难中走出来，冒着地震频仍的危险，第一时间回到岗位上，克服重重困难，夜以继日地恢复生产，振奋人心。在灾后第10天，开滦生产出第一车“抗震煤”；震后第14天，唐山电厂开始发电并网；震后第28天，唐钢炼出第一炉“志气钢”，鼓舞了灾区人民的士气，振奋了灾区人民的精神。

大地震之后，工厂都成了一片废墟，想要简易复产，首先需要修复未倒塌的厂房、清理被掩埋的物资，恢复供水供电，如此才能局部恢复生产。地震后没几天，工厂就展开了恢复生产工作，很多单位召开抗震复产的大会，召集可以恢复生产的工人艰苦奋斗，尽快恢复生产。唐山轻机厂党委要求全厂职工发扬艰苦奋斗的优良传统，“创造一切条件，尽快恢复生产，不向国家要补助，不靠救济过日子，战胜震灾多贡献”，明确了实现简易复产的工作目标，并提出“先治坡，后置窝，先生产，后生活”的口号。工人们不计时间、不计报酬，有近半数人员连续几个月不回家，在工厂坚持清墟和生产。开滦工人发扬“特别能战斗”的战斗精神，地震后也马上进入恢复生产中。他们包扎好伤口，掩埋了亲人的尸体，顾不上盖自家的简易房，就投入抢险救灾、排水保矿的战斗中。继马家沟矿出煤后，赵各庄矿、唐家庄矿、林西矿、唐山矿也都在很短的时间内相继出煤。11月吕家坨矿全面恢复生产并达到震前水平，仅用一年多时间整个矿区就恢复到震前生产水平，创造出复矿史上的奇迹。到1976年底，唐钢已经实现了全面恢复生产。1977年12月，唐钢超过了震前的月平均水平，超额完成国家计划。除了开滦、南厂等大企业，很多工厂需要自建恢复。没有条件就自己创造条件，当时陶瓷公司提出“三个人的工作两个人干，拿出一个人搞基建”的口号，自力更生，恢复工厂建设。没有专业的设计人员，就抽调出厂里学土建的人员来设计，由以前的设计窑炉和车间，到设计简易的房子、食堂和仓库，公司组织几千人的队伍，分为土建队、钢筋队、木工队、五金队、运输队，统一指挥复建，瓷厂挨个进行平地清墟、设计建设、安装设备、建造窑炉、投入生产。1980年，基本上恢复到地震前的水平。

（三）全国支援，快速恢复

救援工作稳定后，党中央对唐山的整体恢复十分关心，在人力、物力、财力等多方面给予了有力支持。在政府的主导下，兄弟省市继续给予唐山持续的关注和支持。全国人民团结一心，协同配合，艰苦奋斗，攻坚克难。

在恢复生产中，全国派出各省、各行各业、各类工程技术人员，全面周到，细致入微，帮助唐山恢复生产。如开滦煤矿、唐钢集团、机车车辆厂等，都受到了全国范围内的援助。在开滦煤矿恢复生产的过程中，来自辽宁、吉林、黑龙江、陕西、上海和工程兵团的援建部队，以及来自全国10个设计部门的设计师，日夜在开滦煤矿奋战。在唐钢恢复生产的过程中，冶金部、河北冶金局第一时间带领工作组来到唐山进行抢险救灾。随后，全国的各大钢厂如上海的一些钢厂、鞍钢、包钢、十一冶、二十二冶、武钢、太钢、基础设施工程兵团110军与812军的工人、工程技术人员和广大指战员、冶金设计研究院、北京钢铁学院等都派出了很多专家和技术人员，参加了唐山钢铁复产战斗，捐赠了很多抗震物资和设备，给予了宝贵的支援。工业救援中，解放军主要负责基础设施的修复重建工作。战士们不顾个人安危，抱起方木和脚手板，进入即将要倒塌的房屋中，稳稳地支住屋盖板。用自己的肩膀将20多吨钢结构件背到加固点上，并在高空进行焊接。解放军基建工程兵二支队不仅负责唐钢的厂房加固、厂区修建、除尘改造、职工住宅修建等工作，还在1983年集体转业，到唐钢贡献能量。

大地震后，为了解决灾区人民的临时住房问题，救灾部队每天投入6万多人帮助灾民建造简易住房。可以说，在全国人民的共同关心和帮助下，唐山人民度过了地震后的艰难岁月。后来，唐山人们就是居住在简易房里，开始了唐山的重建。在重建家园中，地震发生后仅仅一个多月，国家建设委员会就组织了北京、上海、沈阳、天津、湖南、四川、陕西等地专家进行研究。随后，在近一年的时间里，来自全国各地的3000多位专家和技术人员极尽心思，高瞻远瞩地参与制定《唐山市城市总体规划》，其中包括唐山市恢复建设总体规划和城市道路、给排水、燃气、供热、供电、绿化专项规划详细内容，并在1977年5月获得了国务院的批准。经过了一些试点工作，在1979年下半年，唐山市大规模重建开始，中建二局、二十二冶、京电一局、河北省第四建筑公司、邯郸市第二建筑公司等50家建设单位先后云集唐山。最多的时候共有11万多名来自全国各地的100多个援建单位的工人在唐山施工。据不完全统计，当时施工现场投入的大塔吊有200多台，载重车辆有2500多辆。他们克服重重困难，争抢宝贵时间，拼速度，创造出优质高产的成绩，为恢复唐山的建设做出了不朽的贡献。

正是在全体唐山人民的共同努力和全国人民的大力支援

下，灾区厂矿的工业生产逐步恢复，灾区人民的生活得到了有序安排，唐山的恢复重建工作取得了伟大的胜利。仅仅在震后一年时间里，唐山的工业企业就全面恢复了生产；在震后的第2年，全市的工业总产值就超过震前水平，农业生产也得到全面的恢复和发展。震后十年，在1986年唐山基本完成了城市的整体恢复建设。1990年，唐山市政府因为震后重建工作而获得了“联合国人居奖”。

第三章　唐山抗震精神的时代解读

从中国共产党诞生发展至今，历经百年风雨，一代又一代的中国人民用生命和实际行动传承、践行着中国共产党的革命精神。开创未来必须先铭记历史，要想创新必须善于继承。作为革命精神的重要组成部分，唐山抗震救灾文化既具有精神层面的引领，又包含物质层面的表达，属于一种范围广阔的文化现象。可以说，“唐山抗震精神”不仅具有独特的精神内涵，更焕发出极具感召力的时代价值。

一、公而忘私的时代解读

在唐山抗震抢险救灾过程中，无数救援队员、党员干部和人民群众公而忘私，为了多救几个生命，将自己的生命危险置之度外，在小家与大家之间毫不犹豫地选择大家。他们忘记了时间的流逝，奋不顾身地全身心投入抢险工作之中。不论时代的风雨如何击打，不论时代的浪潮如何变化，公而忘私精神中所体现的中华优秀文化旗帜依然鲜艳。它有利于党同人民群众加强血肉联系，更加团结紧密，是共产党进行先进性建设的基础，也是党员干部持续保持党的优良传统作风和先进思想建设的重要推动力。公而忘私精神同时也为提高奉献精神、责任意识、防腐倡廉提供了生动的教材，是保证我们可以稳定开展各项建设事业工作的重要一环。

面向全新时代，公而忘私还体现在党员干部的奉献精神上。在战争年代，用满腔热血换来祖国最终的和平与安宁；在社会主义建设时期，将热爱献给家乡故土。共产党员与人民群众将对党的一片赤诚与热爱融入身体中的每个细胞，用一生去践行着对祖国的忠诚。当今时代，应继续发挥公而忘私精神的感召力，引导广大党员干部不忘初心，牢记使命，营造廉洁奉公的向上风气，增强自身在工作中的责任感，注意集体意识的提升，推动党的思想作风建设。张桂梅老师是体现当今公而忘私精神的典型代表，为了改变落后山区的女孩命运，倾尽其所有，忍受病痛的折磨，克服种种困难，将知识带到信息闭塞的大山中，把山区女孩送进大学，改变了一代又一代女性的命运。张桂梅老师用自己的实际行动，证实了作为一名共产党人应真正追求的崇高理想，展现了心中系着群众，扎根基层，拥有大爱奉献的宝贵品质和公而忘私的精神境界。在张桂梅老师身上体现出的无私大爱，值得我们学习。在全社会弘扬张桂梅老师大公无私的奉献精神，有助于鼓励更多人才投身于困难落后地区建设，投入推动中国社会不断前进的队伍之中。

面对全新征程，公而忘私还体现在劳动模范的带动作用上。一个有希望的民族不能没有英雄，一个有前途的国家不能没有先锋。劳模精神以其进步性的教育激励着社会功能，既对当代社会树立了标杆，也形成一定的辐射力，并带动大众在新时代发扬公而忘私的奉献精神，这也是保证中华民族屹立于世界民族之林的重要支柱。因此，我们需要凝聚全体民族力量，大力传承和发扬为国为民、无私奉献的劳模精神。一方面，我们要大力宣扬军队战士们在唐山抗震救灾时期“一不怕累、二不怕苦”的顽强信念，在当前的新时代万众一心，汇聚起强大的民族力量，以敢于拼搏、敢于斗争的英勇状态积极推进中国特色社会主义事业成功进步发展；另一方面，社会需要倡导“崇尚英雄、捍卫英雄、学习英雄、关爱英雄、争做英雄”等种种进步性社会风气，而加快推动当前社会大力传扬劳模精神的良好社会氛围，鼓励大众树立革命英雄主义气概，保持本土民族的英雄主义气节，在劳模精神的影响之下让中华民族对外树立良好的民族形象，展示中国的大国风范、大国气度。

危难时，方显英雄本色。2020年，新冠疫情突如其来。在与时间赛跑、与病毒斗争的过程中，唐山抗震精神的公而忘私精神再次得以体现。在抗疫过程中，中国共产党人始终将人民大众放在第一位，时刻彰显党尊重国民意愿、保卫国民生命、保护国民利益的为民初心。第一时间防止疫情扩散，控制疫情，最大限度减轻疫情冲击下的伤亡人数。医护人员携手抵抗，使得中国共产党坚持人民至上、生命至上的根本原则得到实现。同样，这次的疫情也激发了潜藏于国民内心最深处的对于党和祖国的热爱之情。在此次疫情中，涌现出很多舍生忘死、克己奉公、为国捐躯的工作人员，如医护人员、志愿者、交警等，他们在抗击疫情的岗位上顽强抗争，甚至牺牲。人民大众的家国情怀与爱党爱国热情也被最大限度地调动激发出来，即使知道投身抗击疫情岗位会有生命危险，依旧有人义无反顾地参与到新冠疫情防控救治等多个过程之中，为保卫民族国家前进的一致步调共同奋斗。从他们的奉献之中，我们也看到了新时代人民对党和国家的真切热爱。

在已全面建成小康社会和走上实现中华民族伟大复兴之路的今天，我们开拓了具有中国特色的社会主义市场经济，推动我国经济取得了耀眼的成就。中国未来发展走向越来越好，离不开广大人民群众对于中国共产党政策的不断支持与配合。作为推动社会发展和促进社会进步的积极力量，公而忘私精神鼓励当代的新人努力奋斗，献身于祖国的社会建设。在公而忘私的奉献精神的引领下，将“小我”融入“大我”，舍小家为大家，为祖国的前途贡献“小我”的力量。一方面，激励时代新人秉承先辈在实践过程中所产生的精神，始终牢记“以人民利益最大化”为首要目标。作为时代继承者，勇于承担起为中华民族复兴奋斗终身的历史使命。另一方面，激励当代新人勇于奉献，心系祖国，发扬中国共产党人不怕牺牲的精神，坚定不移地努力推进共产主义事业。我们必须担负起肩膀上的时代重任，接过“以人民为中心”的接力棒，继承奉献精神，担当时代大任，奉献“小我”力量，共同为祖国社会主义现代化建设添砖加瓦。

二、患难与共的时代解读

民族精神关乎中华民族复兴伟业的实现，是能够提振整个中华民族的“精气神”，是推动改革创新的发展动力。伟大团结精神是发展之要，没有伟大的团结精神，中华民族之间就会内耗不断，民族生存就会遭遇严重的威胁。中国共产党自成立以来，坚持传承发扬伟大团结精神，并依托其蕴含的向心力、行动力和意志力，带领全国各族人民进行革命斗争、建设发展和改革开放，推动着社会主义事业不断走向辉煌。患难与共的时代价值，在当今社会依然深远而重要，它不仅是中华民族优秀传统美德的体现，也是现代社会团结协作、共同应对挑战的精神基石。

唐山抗震精神内涵中的患难与共在抗震救灾过程中得到直接的体现，并展现了磅礴力量。全国人民心系唐山灾区的人民安危，救援队员们肩膀上承担起人民生命的希望，同舟共济。众人拾柴火焰高，聚集合力抗灾情。当国家、民族处于风雨飘摇之时，这份灾难常常会异乎寻常地激发起民族奋发图强的强大气概，聚集巨大的斗争力量战胜困难、夺取胜利，促进国家渡过难关，更加强盛。唐山抗震救灾过程的实践，也证明了这一观点，在巨大的灾难面前，亿万中国人民表现出了空前的团结与互助精神，民心齐、力量聚，各种力量得以有效集聚整合，共同以国家和民族利益为重，中华民族的凝聚力得到了空前的提高。正是因为有同舟共济众志成城，才获得唐山抗震救灾的伟大胜利。正是“万众一心、众志成城”的团结精神，使我们的国家经历艰难困苦却经久不衰，让我们的民族在风吹雨打中不断发展，走向复兴。纵使在地动山摇的关键时刻，中国人民也风雨同舟，凝聚成坚如磐石、力不可摧的民族共同体。

唐山抗震精神中的患难与共在时代背景下也可以理解为党和人民团结起来，共同推进党的建设的凝聚力，这为中华民族复兴注入持续的动力来源，向世界展示了中国的良好大国形象和行事作风，为中国的发展赢得了世界的关注和认可。抗震救灾过程中凝结的巨大的民族团聚力，是我们党团结人民共同推进党的建设事业进步的精神动力。国家的发展和强大不仅让全世界看到了中国共产党的领导能力，也让世界各国见识到了中华民族磅礴的团结气势。中华民族精神召集了全国上下所有中华儿女共同参与进来，团结一致，努力向前。党的建设不是靠某个群体努力便可以完成的事业，这不仅是我们党的事业，也是广大人民群众的事业。从根本上来说，党的组织建设，是为更好实现、维护、发展好最广大人民的根本利益。广大人民群众的利益是我们党开展建设的出发点、根本点，也是党的建设的最终追求目标。党的先进性建设是否成功归根结底还是需要人民群众进行评价。因此，党的建设事业，是党与人民共同的事业，需要党和人民共同的努力。因此要以坚定的人民立场增强党的团结力，站在人民的角度，引导党的组织建设。只有做好党的建设，推进基层建设的完善程度，加强领导干部队伍同党员队伍的建设，才能具体落实全新的部署以适应新时代。中国共产党不论在任何时间、任何地点，都必须将人民大众的利益放在第一位，紧紧依靠人民，将崇高的理想信念同广大人民的根本利益联系统一起来。以人民为中心，推进建设，做出实际贡献。

唐山抗震精神中的患难与共放到当代社会还能理解为我党与群众团结一致，促进全体中华儿女的团结进步与共同前进。中国共产党自成立起便时刻注意密切联系群众，注重启迪大众的思维，促进思想意识的觉醒。纵观百年党史，随着中国共产党的不断发展壮大，人民大众对于共产党的理解、认同程度也随之增加。在中华民族精神的感召之下，增加了人民群众对于民族精神的认同感，愿意听党话、跟党走，从而在特殊时期迸发出磅礴力量，成为实现中华民族伟大复兴的强大动力来源。

中华民族向来就是追求“以和为贵”的民族，不仅在家庭中追求“家和万事兴”，在社会建设中同样追求和谐统一的社会建设。保持全体人民的团结进步是实现中华民族伟大复兴的前提与群众基础。一方面，唐山抗震精神继承和发展了中华民族精神的精华，使全国人民团结一致，为共同的目标努力奋斗。大家互相依靠、相互理解，形成患难与共的基础，促进全体人民的团结进步。另一方面，抗震救灾精神产生、形成于唐山人民经历自然灾害后最艰难的时刻，回顾救灾过程，全党全国人民始终共同为灾区人民祝福，追求的目标是一致的。放到现在，全党全国人民追求的目标仍旧是一致的，那就是实现中华民族的伟大复兴。由此可见，唐山抗震精神中的患难与共对于今天仍有实践运用，其中非常重要的一点就是它可以促进全体人民的团结进步，增加中国的凝聚力，进一步加快实现中华民族伟大复兴的中国梦的脚步。

社会主义核心价值观的培育和践行也彰显了唐山抗震精神中患难与共精神在如今时代的传承。社会主义核心价值观是当代社会大众群体普遍认同的价值规范和道德准则，是中华民族在当今时代的民族之魂。一方面，唐山抗震精神展现了个体价值观念的聚集。抗震救灾精神的产生归根结底是个人品德在灾难时期的升华，渲染出全社会团结在一起的氛围，提升个人道德意识。抗震救灾精神所包含的集体主义、爱国情怀、民族气概、坚强斗争意志、人民立场、科学精神等，都是引导青少年建立良好道德品质的宝贵精神财富。另一方面，唐山抗震精神有益于国家价值观念的整体发展。在万众一心、众志成城的患难与共精神的指引下，国家社会稳定向前发展，中华民族在继续奋斗中实现民族复兴。因此，唐山抗震精神能够砥砺广大青少年集聚转变“小我”为“大我”，成为担当起国家富强、民族复兴之重任的时代新人。

三、百折不挠的时代解读

坚定的理想信念激励和磨炼了百折不挠的顽强斗志和坚韧不拔的意志。为了追寻正义和理想，我们的革命先辈们不屈不挠、前仆后继。例如，革命烈士方志敏被俘后高声大喊：“你们只能砍下我的头颅，决不能动摇我的信仰！”在其生死存亡之际，将理想的光明撒播出的夏明翰写下“砍头不要紧、只要主义真”的千古诗句。唐山抗震精神也体现了中国人民不畏艰险的斗争精神和勇于奋战的抗争精神，表现出了中国人民勇于战胜一切艰难险阻的巨大意志能量。传承至今，百折不挠精神又演变成中国人民面对外来势力挑衅时所表现的大无畏气概，以及现代化强国建设过程中汇聚的撼动天地的昂扬斗志，它支撑着我们追逐强国梦的最终实现。

近代中国西方炮火打开了中国的大门，让我们民族明白了“落后就要挨打”的深刻道理，要想重新屹立在世界民族之林，必须发愤图强，将民族与国家的命运牢牢把握在中国人自己的手中。面对强大的帝国主义侵略者，激起了全体中华儿女的极度愤怒与不满，中国人民并没有害怕后退，而是拿起武器拼死反抗，让世界人民看到中国的力量。中华民族顽强的斗争能力并不是与生俱来的，而是在一次次战斗实践中逐渐累积起来的。如中国人民志愿军一边学习一边战斗，在战争中学习战争，根据不同情况安排不同的战略部署以应对，实施多种打法。正是有了多种积极的实践尝试，历经过挫折和失败，才能够在战争中越战越勇，最终磨砺出中华民族骁勇善战的民族特性。这种特性也在后来的抗震救灾过程中得以实践应用，震后唐山人民积极开展自救互救行动，展示出了中华民族百折不挠、不轻言放弃的坚强意志。在中国共产党的领导下，抗震救灾精神中的“不畏艰险，百折不挠”宝贵品质也不断激励着人们，成为新时代实现中华族复兴的动力源泉。

在“5·12”汶川大地震发生后，党和国家高度重视，全社会全面参与抗震救灾。只有社会主义中国才能拥有这样的快速反应，这既体现了全社会的爱心，也展现了我们的民族精神，更向全世界展现了中国的国力。面对山崩地裂、满目疮痍、道路阻塞、余震不断，人民没有倒下，救援队员没有迟疑，“就是爬，也要爬到汶川！”。救援人员与灾难赛跑，与死神争分夺秒，将自己的安危置之度外，没有人叫苦叫累，只想着尽可能多地抢救出被废墟埋压的生命。在汶川抗震救灾的过程中，百折不挠的抗震精神得以深刻体现。在大灾大难面前，不畏艰险、百折不挠的精神指引我们克服一切艰难险阻，一次次从危难中挺过来，始终屹立于世界民族之林，这种精神永放光芒。

正是在百折不挠的精神的支撑下，灾区人民英勇地面对灾难开展自救。灾区的基层干部、人民警察、医生护士、普通民众，舍小家为大家，不顾灾难危险，在第一时间投入自救互救的前线。共产党员充分发挥先锋模范作用，组织群众灾后自救，安抚群众灾后情绪，为后续救援创造了良好的条件。英勇的人民解放军，作为第一批进入灾区的外部力量，在救灾的过程中冲锋在前、专打硬仗。他们不怕苦、不怕累，将自己的安全置之度外，争分夺秒地抢救伤员，挽救人民财产，无愧“人民子弟兵”的称号。在灾难中还涌现出许许多多的英雄人物，一位只有9岁的小学生，他用超出自己年龄的沉稳与机智，英勇地救出了自己的同学，当人们问他为什么这样做时，他自豪地回答道：“我是班长，我有责任！”有很多小学生在等待救援的时候也互相鼓励，很多老师面对灾难，毫不犹豫地把生的希望留给学生，无愧于人民教师的称号。正是在百折不挠精神的指引下，在党和国家领导人的正确指挥下，在人民军队和各种救援队的努力下，在全国人民的关注与帮助下，更是在灾区人民的英勇自救下，汶川人民才战胜了灾难。

党和人民不怕困难、敢于斗争的意志蕴含着中华优秀传统文化的基因，更继承了革命精神的传统。中国共产党背负着忧国忧民的历史使命，自建党一路走来，艰苦卓绝的革命时代熔铸出敢于斗争、敢于胜利的政党特点。在重大地震灾害面前，中国共产党带领人民群众与天灾作斗争，正是敢于斗争的精神品格和不为任何困难所轻易压倒的勇气，成功赢得了抗震救灾的伟大胜利。中国共产党人以共产主义理想信念为支撑，将百折不挠作为其向前不断发展的精神动力来源，毫不动摇地坚持、发展党的伟大事业。

唐山抗震精神将国家的整体意志与人民大众意愿紧紧贴合在一起，为助力中华民族伟大复兴的实现提供了丰富的精神滋养。在当前世界贸易保护主义盛行、地缘政治危机加剧的背景之下，国内人民思想逐渐开放，外来文化逐渐渗入，与本土文化思想发生激烈碰撞，影响着民族精神的继承和发展。回顾中华民族发展历史长河，我们经历了数不清的困难关卡，一次又一次地被打击，但一次又一次地站了起来，凭借的正是中华儿女不屈的品质和顽强信念。中华民族伟大复兴，绝不是轻轻松松、敲锣打鼓就能实现的。全党必须准备付出更为艰巨的努力。目前，我国正处于实现“两个一百年”的奋斗目标的历史交会时期，正在经历“百年未有之大变局”，实现民族复兴道阻且长，世界格局中阻力与挑战是共同存在的，正因如此，我们需要打起精神，重拾起内心的斗争意识，直面当前所面临的全新挑战、全新问题，做好长期持续奋斗的心理准备。当严峻形势和斗争任务摆在面前时，要敢于出击，敢战能胜。继续保持唐山抗震救灾时的精神状态与思想道德高度，认清目前所处的世界环境和变化局势，面对威胁挑战直面应对，迎难而上，发扬越是艰险越向前的百折不挠精神。

无论是从人类社会领域的精神关系的本性来看，还是从人类群体内部共生的特性来看，精神不会独立于社会群体之外或者单独存在于特定的团体领域。精神一旦产生，便有了超越空间群体限制的超社会属性，可以融入人民群众的整体社会意识中。自中国共产党成立以来，始终坚定实现伟大民族复兴的远大理想，推动党内组织建设与国家的发展进步。培育和践行社会主义核心价值观的核心着力点在于培养担当民族复兴大任的时代新人。要想真正使国民将社会主义核心价值观牢记于心并且去加以践行，仅仅停留在理论层面的宣传是难以达到这种效果的，需要在具体的实践中不断发展，更需要全社会成员的积极行动，影响带动更多的人民群众践行社会主义核心价值观。要想培育和践行社会主义核心价值观，需要把它融于社会发展过程中的方方面面，成为社会群众的内心真正的情感认同和自觉的行为习惯。大力宣传百折不挠精神，有助于指导当今社会时代新人树立积极正确的世界观、人生观、价值观、社会观，在工作中以百折不挠、勇于拼搏、坚持奋斗来要求自己，以此激发当代青年有所进步，有所作为。用百折不挠精神激发中国当代青年，引导当代青年人奋发向上，积极进取，从前人手中接下接力棒，站好时代新人的岗位，为实现中华民族伟大复兴不断努力奋斗。

四、勇往直前的时代解读

自近代以来，无数仁人志士挺身而出，带领中国人民反对侵略，抵御强敌，浴血奋战，不仅实现了中华民族的独立，也为中国人民谋求了幸福，更为中华民族伟大复兴奠定了基础。回顾党的历史发展，每个成功的政党都有一部自己“勇往直前”的奋斗历史，但像我党这样经历重重磨难，并能勇敢走向成功的政党属实不多。我们党走过的百年征程，挥洒的青春、奋斗的岁月铸就了一部可歌可泣的壮秀诗篇，有了这些艰苦奋斗的岁月才有了今天的中国，才能锤炼出一批经得起考验的新时代共产党人，才锻造出值得我们歌颂的“勇往直前”的优秀品质。面对三座大山，中国共产党依靠艰苦奋斗、顽强拼搏、不怕牺牲的精神，夺取了中国革命的最终胜利。在新中国成立后，中国共产党又带领着广大人民群众依靠艰苦奋斗力争发展，努力改变了国家落后贫穷的状况，在世界强国包围的情况下重新站起来，取得了社会主义建设的全面发展。而在唐山经历了地震的自然灾害之后，我们全党高度重视灾区人民，立刻调动军队前往灾区志愿，全面支持灾区重建。唐山从一片废墟中重生，人民综合生活水平得到恢复并不断改善，一切向着欣欣向荣的方向发展。

在确立了社会主义制度之后，中国共产党又带领全国各族人民开始探索建设有中国特色社会主义的道路。1978年，召开了党的十一届三中全会，做出了改革开放的伟大决策，国家对内改革，对外开放，我国迈入了有中国特色社会主义市场经济的大门，进入了历史发展的新阶段。中国共产党在“勇往直前”精神指引下，开创、坚持、捍卫、发展了中国特色社会主义，找到了一条能够实现中华民族伟大复兴的正确道路。我们走过改革开放的40多年，确立了党在社会主义初级阶段的基本路线，持续不断地推进改革开放，团结带领广大中国人民解放思想、锐意进取，再到实现经济的巨大飞跃，带领人民生活从温饱不足到脱贫致富，实现了共同富裕的历史性跨越。中国共产党在“勇往直前”的精神指引下，在新时代坚持和发展中国特色社会主义，不断把中华民族伟大复兴事业向前推进。党的十八大以来，确立了习近平新时代中国特色社会主义思想，中国特色社会主义进入了新时代。我们战胜一系列重大风险挑战，化解了一个又一个国内国外的危机，实现第一个百年奋斗目标，在中华大地上取得了脱贫攻坚战的胜利，全面建成了小康社会，历史性地解决了绝对贫困问题，明确实现第二个百年奋斗目标的战略安排，为实现中华民族伟大复兴提供了更为完善的制度保证、更为坚实的物质基础、更为主动的精神力量。

在抗击特大自然灾害的过程中，中国人民继承了中华优秀传统文化中“刚健有为、自强不息”的精神理念，将之发展为“百折不挠、勇往直前”的唐山抗震精神。在自然灾害发生之后，中国人民面对惨烈的灾难丝毫没有被吓倒。受灾群众毫不退缩，不等不靠，积极展开自救和互救，顽强地与死神展开斗争。各路救援部队冒着余震随时可能发生的危险，与死神赛跑，日夜兼程地赶赴灾区，发扬一不怕苦、二不怕死的拼命精神，争分夺秒，从废墟中搜救出每一名被困群众。中华儿女所展现出的“勇往直前”的精神正是对中华优秀传统文化中“刚健有为、百折不挠”的精神的继承。“勇往直前”不仅体现在抗震救灾和灾后重建的具体行动中，还深深植根于唐山的历史和文化传统之中。唐山人民始终保持着积极向上的精神状态，不断克服各种困难和挑战，推动着城市的发展和进步。这种精神传承至今，成为唐山人民面对各种困难和挑战的重要精神支柱。遥看中华民族伟大复兴的光明前景，我们仍有一段路要走。在复杂严峻的国际形势下，我国全面实现建设社会主义现代化国家的目标一定面临着很多困难，但是我们不断提升国家的综合实力，不惧怕外来势力的各种压力和挑战。在新时代，我们要努力增强中华民族的文化自信。作为我们宝贵的精神财富。我们要从中汲取前行力量，克服发展前行道路上遇到的困难荆棘，提高自身多方面的国际影响力和竞争力，向着建设社会主义现代化国家新征程，向着实现中华民族伟大复兴的中国梦，继续奋勇前进。

唐山抗震精神展现了中华民族无私奉献、勇往直前、砥砺前行的爱国主义革命传统和人道主义精神，丰富了中国民族精神的文化内涵，是中国民族精神的具体体现。它传承和发扬了在优秀革命传统革命文化基础上而形成的崇高民族精神气节，极大丰富了中国精神体系中的民族要义。面对当前的百年未有之大变局，我们更应当学习先辈在唐山抗震救灾过程中所体现出的英雄事迹，传扬赞颂其身上所体现的唐山抗震精神，热爱我们中华民族一家亲的大家庭，不断提高自身的奋斗意识，增强自身的发展本领，勇于承担起维护国家稳定和民族团结的历史担当与重任，将个人命运与国家命运紧密联系起来，在个人利益与国家利益面前，主动维护国家利益，在自己所在的平凡的岗位上，成就光荣伟大事业。

唐山抗震精神对于我们磨砺自身坚定信念、团结一心努力实现中华民族伟大复兴的中国梦有着不可或缺的时代价值。在实现新征程的目标中，我们需要树立敢于挑战的意识，保持昂扬向上的精神面貌，使我党和人民大众在面对挑战时勇往直前、团结一致，能在伟大的斗争当中立于不败之地，开辟出有中国特色的社会主义道路，并在新时代焕发新面貌、新格局。因此，我们要重新感知并深层次地理解把握唐山抗震精神的内涵，将其中孕育的内涵加入时代的特点，不断转化丰富发展，使之可以满足适应新时代的发展要求，更加时代化、系统化，最终成为指引人们勇于攀登、不惧风雨、奋力前行的强大精神动力，为实现全面建成社会主义现代化强国提供精神层次的支撑。

在实现中华民族伟大复兴的中国梦的关键时期，我们要重点关注当前社会矛盾的不断变化，运用中华民族精神的激励引导作用，努力加快实现中华民族伟大复兴的脚步。这不仅是历史经验实践赋予中国共产党的艰巨使命，更是赋予全体中华儿女的光荣使命。在前进的道路中，我们需要强大的精神动力为我们做指引，而唐山抗震救灾精神恰好可以作为实现中国梦的强大精神驱动力。抗震救灾精神是在自然环境十分艰苦的条件下发展起来的，不论是顾全大局、无私奉献的优良作风还是同灾区人民福祸相依、患难与共的道德行为，抑或面对困难百折不挠勇往无前的精神品质在新时代仍然是激励人民群众不断前行的精神动力。目前，我国全面建成小康社会的目标已经基本实现，在未来前行的道路上，我们仍然面对着众多困难与挑战，面对挫折，我们要始终保持坚定的理想信念，百折不挠、勇往直前，继续在中国共产党的指导下严守纪律、发挥榜样的力量，同人民群众生死相依、患难与共，为国家社会的发展建设贡献出自己的力量。

综上所述，唐山抗震救灾精神是中华民族宝贵的精神财富，不论在理论层面还是实践领域都有重要文化思想价值。在民族复兴的新征程道路上，我们面临着未知的挫折与挑战，对于前进道路的曲折性和前途光明性的认识还亟待深化，包括唐山抗震救灾精神在内的中华民族精神值得我们持续研究深化，同时，我们应更积极把握对唐山抗震精神的实践运用，正确发挥理论指导和实践作用。

第四章　全媒体传播的相关理论研究

推动媒体融合，构建全媒体传播体系是时代的命题。作为一个中长期探索、尝试并执行的概念，全媒体传播的内涵丰富，内容宏大，意义非凡。它不仅是传播理念的更新，传播方式的转变，更是对媒体融合的现实实践起到了重要作用。正因如此，进一步分析全媒体的概念内涵和特点，系统地掌握全媒体发展的内在实质性规律，是我们党在当前全媒体时代紧紧把握住时代话语权的重要前提基础。同样，在2022年召开的党的二十大会议报告中，提出了“加强全媒体传播体系建设，塑造主流舆论新格局”的重要指示，充分体现了中央对全媒体传播体系建设的高度重视。在国家战略推动下，全媒体未来必将是媒体业态布局、功能布局的方向和着力点，是完成文化自信自强、实现社会主义文化新辉煌的重要途径。本章将从全媒体的概念界定、全媒体的传播特征、全媒体的传播意义及全媒体传播体系的构建四个方面梳理相关研究成果，奠定全媒体传播研究的理论研究基础。

一、全媒体的概念界定

作为一个在行业实践中探索、尝试并呈现的概念，丰富的实践积累赋予了全媒体传播逐步丰富的内涵。目前，互联网信息技术迅速发展，为了使信息资源之间的相互流动更加贴合信息化时代发展的需要，就需要有更加全面、更加丰富的媒体作为中间介质加以承载。顺应着现如今各路媒体相互融合的潮流趋势，全媒体这一概念也就应运而生。

（一）应用实践下的全媒体概念界定

在我国，自从“全媒体”这一提法与大众见面，它的讨论热度就不断攀升。从内涵来说，“全”是各种的、所有的意思，同时有实时的交换和共享认知，可以理解为对多媒体概念的一种延伸。从“全媒体”的词源的角度来进行分析，在中文语境下的“全媒体”一词，首先是指通信往来系统中具有传输几乎“所有”类别的媒体中的信息并加以整合编辑的功能之一，全媒体本身就是一个限定词，在后来的发展过程中才逐步加以引申，转化为一组实体词，并且在传媒领域得以立足。在英文语境中，在传播的领域范围内，可以找到很多关于媒体的词语，如多媒体、跨媒体、富媒体等一系列词语，但似乎关于全媒体的概念却少之又少，鲜为人知，而全媒体之所以有着明显的中国烙印，首先得益于在数字化革命中，国内的发展态势属于稳步向前，得益于中国的“赶超”姿态，与国外发展进程几乎同步持平。从最初接触广播电视互联网模转数、报刊行业的数字化转型升级，在互联网的大趋势热潮中以及互联网泡沫危机中经受洗礼，再到相关应用纷至沓来，在中国媒体的数字化发展过程中，逐步积累出了稳步迈向世界互联网媒体发展前沿的道路自信、理论自信和文化自信。

凤凰传媒集团在2012年伦敦奥运会开幕之前，提出对于本次奥运会的报道要进行“全媒体、全明星、全出击”的整合战略，综合其集团旗下的凤凰卫视、户外视频、凤凰网等多个平台，提供多样的移动终端等不同屏幕，实现全方位、全视角、多渠道、全覆盖报道。既然这样，我们是不是可以说这种多样“屏幕”就可以代表全媒体呢？与其那样讲，不如这么说，概括上述的战略布局，我们可以得出全媒体总共包含了四层内涵要义：第一层，全媒体指的是传播样式的“多”与“全”，我们目前对于这种表述最为常见的界定是“全介质传播”。通过将文案、视频、音乐、图片等多种可视化可听的元素加以结合，将电视、报纸、网络、手机等多种终端加以齐备来体现全媒体结构上的介质集聚和多样。在这个层面上，我们可以说，全媒体是属于多媒体、媒体一词的。第二层，这里的全媒体指的是媒介业务模式层面的一种概念。其具体可以表现为数字化平台的建设以及对于所谓的“超级编辑部”的建设与搭建、纵向更深层次、全体的数字化、文字与影像音乐报道的结合协同、“一次采集多织布”的相关运营方式等。此外，全媒体相对于多媒体而言，其不论是在功能上还是意义上都更为充实。目前业界以及普通大众认为的全媒体概念指的便是本文所说的第二层含义。无论是全媒体还是多媒体，其二者都强调“各种”“各样”“多样”媒体讯息的“共同存在”。那么，为什么全媒体的概念还会诞生出现呢？中国人民大学新闻与传播学院教授彭兰博士认为，在传媒广泛多样的业务中，多媒体更倾向于把信息加以整合的具体作业方式，比如，在新闻报道中形成了多媒体的素材；而全媒体在这里则是指一种更有意识的整体部署策略，是一种带有战略目的性的整合规划；不仅如此，全媒体还追逐在使用不管任何媒体手段的进程之中，实现内在的有机合作。由于本章所提到的全媒体是基于数字技术之上的“有灵性”的事物，更是侧重于不同类型媒体所传递的信息之间的实时的交流与互动。换个表达方式来说，全媒体是多媒体更高层次的概念，也可以说是多媒体的新境界。多媒体的意思是指客观的对象，而全媒体不仅包含了多媒体的概念，还涵盖了人与媒介之间的互动关系，较多媒体注入一定程度的主观能动以及自由意志的想法。多媒体在对于媒体的概括层面尚且停滞在“物”的层次上，而全媒体则更深一步进入对于认识“人”的层次。第三层，全媒体是一种对于媒体业务多元化策略的总结。在第三层次的表述中，全媒体相当于跨媒体的概念。值得指出的一点是，我国许多对于“全媒体”方面的实践探索，其本质也就是对于跨媒介经营的一种类似的无限接近。但是，从某种意义上来讲，全媒体是即使跨媒介也不可轻易得，方委曲以求“全”从而导致的内生式的媒介路径依赖的结果产物。第四层，全媒体是传媒领域在当前数字产业极其发达的时代对于其领域新的身份的认同构建。换言之，对于当前全媒体的定位，已不单指传统报业印刷产业、广播电视产业，更不是我们日常所说的内容产业、信息产业，而是彻头彻尾的电子数字产业。认同全媒体的概念，也就意味着对于媒体产业身份的转换认可；同时也象征着现有的媒体证明其产业并不是被强制拉至时代潮流的数字战场的被动者，而是主动地进入该信息产业领地的征服者；对于该概念的认同更是代表着用未来会使用数字产业的逻辑和数字技术的潜在能力加以结合的角度来重新衡量制造一切，从而掀起媒介运营过程中的对于管理模式的创新和组织的重组再造。对于全媒体的概念认定，是一场关乎理念的、直达内容本质的革命。举个例子来说，报纸和互联网的关系，不只是两个平台的互动或平台的简单融合，而是报纸与数字传播技术、平台以及过程的全方位多角度的一体化。对于第四层的内涵解读目前还尚未得到全行业的普遍认可。但是目前有学者认为该种描述昭示着传媒行业的未来。在现实生活中，我们可以把全媒体看成一面引导传媒产业实现深度多角度根本性变革的引领旗帜，它代表着对于本产业进行新的身份定位与认同和原来传媒行业相对应的商业模式的一种根本性颠覆。由此可见，对于全媒体的认知首先是对于目前传播技术领域革命性成果的发挥创造性吸收从而引起的技术层次应用创新的结果，也就是由美国管理学家克莱顿·克里斯坦森所提出的“破坏性技术”所带来的领域创新；之后是对随着市场环境的变化与发展所进行的敏锐点接触之后而表现出的所对应的应激反应模式；最后它还涵括了一系列带有战略全局性和时代预知性的理念和策略。

1999年，随着美国在线与时代华纳的短暂合并，“全媒体”巨无霸评论的诞生，让全媒体概念与传媒行业联系起来。虽然是十分口语化的内容，却是突破性的进展。大约在2006年，北大方正发布了全媒体解决方案，赋能媒体的创新发展。接着《沈阳日报》《温州日报》《烟台日报》《南方都市报》《重庆晨报》《北京商报》《燕赵都市报》《现代快报》以及新华社、光明网、华龙网、映象网等媒体机构陆续宣布实施全媒体战略。

无疑，全媒体为传统报业的转型提供了方向。借助这一新渠道，它们实现了生产经营方式的转变，改变了纸媒的单一布局，开启了全媒体运营的新篇章。如南方报业传媒集团、中国安全生产报、烟台日报传媒集团等成了报纸全媒体出版领域示范单位。其中，《烟台日报》开发了“全媒体数字复合出版系统”，创造性地提出一次采集、多介质发布集团内部信息，实现了资源一级开发、层层生成、层层销售，在全媒体范围内形成了多层次的数字复合出版系统。从原来单一的报纸印刷分化成手机报纸、数字报纸等多种产品形态，而且生产流程也得到了细分和专业化发展。这让原来单纯的“报纸社”逐步成长为“报道中心”，也孕育了全媒体新闻传播的雏形。越来越多与全媒体相关的名词出现，媒体从业者纷纷提出了全媒体战略、全媒体定位、全媒体出版、全媒体广告、全媒体新闻中心、全媒体电视、全媒体广播、全媒体营销等说法，既展示了传统媒体边缘的拓展，又体现了媒体间的融合趋势。在北京奥运会举办期间，中国广播网实现了所有奥运报道广播信号在中央广播电视总台同步网上进行直播，创新了图文并存、音频视频多点互动直播报道新模式的探索，同时积极尝试广播频率、门户网站、手机广播电视、平面媒体等多种终端的融合。早在2009年，国家广电总局就成立了中广卫星移动广播有限公司，负责全国移动多媒体广播传输覆盖网络的建设工作。除此之外，在影视行业、出版行业、广告行业，全媒体在发行、出版的过程中都取得了突破性进展，如贺岁电影《非诚勿扰》同名长篇小说的首发，《贫民窟的百万富翁》《我的兄弟叫顺溜》的宣发等。传统渠道与新兴媒体逐步结合起来，纸媒、互联网、手机的相互配合形成了资源贡献、优势互补的良好局面。

正是因为在应用层面成长起来的缘故，全媒体的概念在学界、业界一直没有统一的说法，甚至存在着一些争议。2009年，中国人民大学新闻学院的彭兰教授在《媒介融合方向下的四个关键变革》中指出了自己对全媒体概念的认识，颇具代表性。她认为，全媒体是一种业务运作的整体模式和策略，即运用所有媒体手段和平台来构建大的报道体系。全媒体的“全”表示不再是单的，如单落点、单形态、单平台的传播，而是多的，如多落点、多形态的传播。除此之外，“多”还可以代表报道的多渠道，涵盖了报纸、广播、电视、网络多个渠道。以上彭兰教授从运营模式的角度，对全媒体进行了解读。当然，这个渠道、形式、手段而今已经越发多元化。在当时，这正与2009年的行业探索紧密结合。2009年初，《宁波日报》开始打造“全媒体数字技术平台”，用报纸、广播、电视与网络等媒体手段和全媒体数字平台尝试全媒体综合性新闻生产体系，而这种尝试正与彭兰教授由单向多的理念不谋而合。由此可见，早期的全媒体概念从行业实践中来，是媒体行业走向融合后的认识与反思。随后，全媒体在行业中崭露头角，成为传媒行业的新宠儿，也预示着媒体走向融合跨界的趋势。经过多年实践，我国媒体融合发展取得显著成效，全媒体的概念也逐步发展延伸。全媒体不再是打破传统媒体的单一传播模式，对传播主体进行多种媒体传播的简单相加，而是利用不同传播媒介的优势，将传播主体的内容进行深入剖析和多面解读，产生复合增值的效果。

（二）学术会议中的全媒体概念界定

作为一个具有国家中长期战略意义的发展概念，“全媒体”在诸多会议中也反复出现，这对其概念的发展起到了极为重要的促进作用。2014年8月，中央审议通过《关于推动传统媒体和新兴媒体融合发展的指导意见》，明确提出“着力打造一批形态多样、手段先进、具有竞争力的新型主流媒体，建成几家拥有强大实力和传播力、公信力、影响力的新型媒体集团，形成立体多样、融合发展的现代传播体系”，凸显了新型主流媒体的全媒体构建带动作用。2016年，在《中华人民共和国国民经济和社会发展第十三个五年规划纲要》中明确提出

“建设‘内容+平台+终端’的新型传播体系”。从现代传播体系到“内容+平台+终端”的新型传播体系，表述更加精细化。2018年6月15日，习近平总书记在致《人民日报》创刊70周年的贺信中，要求“构建全媒体传播格局”，体现了全媒体在媒体融合中的宏观重要性。2019年1月25日，中共中央政治局在人民日报社就全媒体时代和媒体融合发展举行第十二次集体学习，习近平总书记指出“加快构建融为一体、合而为一的全媒体传播格局”。学习中提出了“四全媒体”概念，对全媒体在时间空间、媒体介质、传播主体以及效用功能四个方面进行了生动形象的具体阐释与高度概括总结，深度阐释了全媒体的“全”，即全程、全息、全员、全效，强调了全媒体背景下信息无处不在、无所不及、无人不用的特性。同时也对当前互联网媒体融合格局的全新认识与正确判断，要“形成资源集约、结构合理、差异发展、协同高效的全媒体传播体系”。2019年10月，党的十九届四中全会审议通过《中共中央关于坚持和完善中国特色社会主义制度、推进国家治理体系和治理能力现代化若干重大问题的决定》，中央全面深化改革委员会第十四次会议审议通过的《关于加快推进媒体深度融合发展的指导意见》，再次提出“建立以内容建设为根本、先进技术为支撑、创新管理为保障的全媒体传播体系”。2020年10月，党的十九届五中全会通过的《中共中央关于制定国民经济和社会发展第十四个五年规划和二〇三五年远景目标的建议》，提出“实施全媒体传播工程，做强新型主流媒体”，使全媒体传播格局、全媒体传播体系的构建有了明确的落脚点和突破口。2022年10月，在党的二十大报告中提出“加强全媒体传播体系建设，塑造主流舆论新格局”。从“全媒体传播格局”到“全媒体传播体系”，全媒体的发展内涵越发清晰，媒体融合发展的道路不断深化。

自“四全媒体”的概念提出后，相关学界与业界都围绕“四全媒体”的内涵、实践意义与理论指导价值展开深入的研究与探索实践。“全程”是全媒体的时空维度阐释。事件发生的全程都可以被现代媒介技术捕捉、记录并传播。信息传递可以实现全过程、零时差。信息传播全空间覆盖，利用立体传播结构，实现从线上到线下、从虚拟到现实全方位传播。“全息”是全媒体技术维度的总结。在新技术的支持下，各类传感器能够采集到的信息越来越“全息”。虚拟现实技术则集合仿真技术与计算机图形学、人机接口技术、传感技术、网络技术等多种技术，模拟视觉、听觉、触觉，甚至还有嗅觉和味觉等，让信息呈现更加立体、真实，具有浸入感。“全员”是全媒体社会维度的概括，指社会全员都可以参与到媒体传播之中，通过媒介发出自己的声音。媒介主体全员化，让“一对多”的传播变为“多对多”的传播，参与性、互动性大大增强。“全效”是全媒体功效维度的总结。全媒体突破了单一的内容提供功能，在功能上实现全效化，各类应用汇集在一个媒介平台上，用户可以享受政务服务、完成社交分享、实现信息沟通。功能空前丰富，因而无人不用。

十余年间，各级主流媒体在全媒体建设中勇敢尝试，重塑内容生产流程、拓展传播渠道、打造平台矩阵、强化技术引领、创新产业运营模式。在全媒体的行业应用时代背景下，全程合作共赢。首先，打破了时空维度概念，由原来的节目安排变成了“白加黑”“五加二”的零时差随时随地传播，高度记录并还原了事件发生的全过程，呈现立体的内容传播。其次，改变了传统信息维度，通过与大数据的深度融合，进行信息的数据化处理，对复杂的信息进行数据化提炼组合。然后，突破了固有的表现形式，全方位、立体地通过图片、文字、音频、视频、游戏、AR、通信等传播形式，实现听觉、视觉、味觉、触觉、嗅觉的五位一体，带来丰富的感官体验。接着，形成了传播主体的多元化，从传统的“你说我听”发展出来，每个人都成了信息的输入者和输出者，既可以接收信息，又可以发布信息，同时在接收与发布的过程中完成二次制作，互动性大大增强。真正实现由“一对多传播”变成“多对多传播”，让原来单一化的传播主体实现了人人皆可为主体的多元化发展。最后，实现了传播效果的精准化和效率化。在万物皆媒的时代，内容交汇、信息集成，社交服务功能凸显。在大数据的加持下，我们清楚地知道受众是谁，传播如何，反响怎样，传播对象更加明确，传播效果十分清晰。可见，全媒体已经突破对“全”的深入体现，更强调复杂的、全效的、综合的媒介实践。它包含了传播主客体对象、角色与功能的转变，传播内容的生产制作和创新、传播媒介的形式种类多元化和传播效果的综合提升。从发展的角度来看，“全媒体”是一个开放的、不断兼容并蓄的传播概念。随着5G网络的推广，将有许多意想不到的元素加入其中，甚至带来对全媒体的颠覆性认知。

综上所述，“全媒体”这一词在当前大数据、大通信、媒体产业转型升级以及移动互联技术飞速发展的大背景之中得以诞生，是中国媒体行业和相关学术研究界在探究“融合”“汇合”之路的过程之中提出的全新概念，无意中道破了当前社会生活的媒体玄机，构筑了基于信息产业基础设施上的更广阔意义上的媒介空间。唐山抗震精神的全媒体传播是指在信息技术、通信技术、网络技术充分发展的背景下，将“公而忘私、患难与共、百折不挠、勇往直前”的唐山抗震精神通过文字、图形、图像、动画、声音、视频等各种表现形式，进行纸媒、电视媒体、广播媒体、网络媒体、手机媒体等传播媒介的融合，通过提供多层次和多元化的丰富内容满足受众的细分需求，使得受众获得更多维度的媒体体验。

在对比观照了全媒体概念的相关学说之后我们不难发现，当前，有几个业界内的共同点是可以被认作界定和理解全媒体的中心点：一是全媒体发展的主体对象是新兴媒体和传统，这是其面对目前媒体融合趋势下各路媒介求生存图发展的必然之路；二是进行发展整合多样的不同媒介形态，若缺少多种不同媒介形态之间的协同发展，就构不成全媒体；三是实施多媒体的分流量传播，并且根据不同媒体从而分流产出与之相对应的不同媒体产品；四是全媒体是一种全新的产业运作模式。全媒体的相关理念会随着现实社会的实践而不断被丰富与完善，发展成为具有鲜明的中国特色，多层次、全方位反映人与全媒体关系的相关内容体系。作为一种对媒介传播的系统性认知，全媒体概念是对各种媒介传播的感知力、观测力、实行力及判断构想力的一种综合性概念呈现，是一种全新的对于新闻产生与传播理念，是推动不同媒体进行融合一体化的综合反映。而我们日常生活中所提出的要树立全媒体观念，实质上就是从意识形态、精神文化、体制改革、科学技术、心理认同以及法律规范等多个维度对媒体人进行观念方面的重新塑造，以便于更加充分发挥新闻传播活动中主体的主观能动性，对全媒体传播具体实施工程具有关键性的促进作用。

当下时期的媒介融合已经发展到“四全媒体”的阶段，传统媒体不论是在内容创作、受众体验以及经营管理等各方面，都需要进一步与互联网思维以及当前中国特色社会主义新时代话语情景结合，优化传媒行业的制度建设，合理提升传播效果。该行业的学术理论界的研究也应当在“四全媒体”基础上，把握互联网的内在传播规律和当前媒介融合流行的大趋势大背景，将理论与实践结合，把指引内化，从而探索出一条科学、合理合规、符合历史潮流变化趋势的创新转型路径。响应时代的变化与号召，建立符合发展新潮的新闻产出与传播全新体系的建设，对于全媒体的创新构建体系，离不开政府、业界与学界的共同努力与协作合作。

二、全媒体的传播特征

全媒体概念具有一般概念的普遍性特征，如实践性、相对独立性、个体主观能动性、社会历史性等，其可以针对性、系统性地对实施全媒体的传播工程进行认识与塑造。但仅有此还不够，立足于全人类的传播视角，同时结合目前全媒体传播体系建设语境，我们可以得出，全媒体还具有如下的典型特征。

（一）开放性

全媒体集文字、图像、声音等传统传媒的特征，借助网络、卫星通信等方式开展信息传递和播放，借助电视、手机、智能设备、网络终端等一系列通信设备和客户进行实时对接，形成各类科技文化互联互通的传媒产业和产品。从众多考古历史的结果上来看，处于燕赵之地的文明在很久以前就在不同程度上表现出了包容性和开放性，与其他文明有着密切的融合和互动。燕赵文化的内核以移民文化为载体，而其所具备的兼容性、多元性，使得其文化得以在历史长河中绵长久远。在目前全媒体时代，对于中华优秀民族精神文化内核的传承更具有开放和广泛的包容交流性，不同地域、不同地区之间与其碰撞、融合、展现、升华，使得文化的传播效率得到了空前提升，文化的保护、传承、发展得到了良好的实践。在人人都有麦克风的时代，受众在接收到相关民族精神文化信息后，可以方便地依据自己的立场、价值观对信息进行加工，再进行传播，进而把控舆论方向。

在全媒体的推动下，各类平台为人民大众提供了极为广阔的正向精神文化创作和研究空间，以此可以将唐山抗震精神传播转向大众话语，实现对于中华优秀民族精神文化的全民认知。一方面，相比于以往大众，作为民族精神文化传播过程中的旁观者，在全媒体赋能下，人们可以通过各类网站发表自己观点，充分调动个体参与积极性，成为抗震文化内容呈现的主动生产者，因而可以消除在民族精神文化传播过程中可能出现的内容被曲解、被误导等问题；并且在全媒体下，每一位个体都是一个传播节点，在接受优秀民族精神文化熏陶的同时又可以开始新的传播，从而形成完善的中华优秀民族精神文化传播网络格局。另一方面，人们在自媒体平台积极“发声”解读或创作民族精神文化的同时，也会融入自身对民族文化的感悟，将曾经发生的史实与个人理解相结合，使民族精神文化通过大众话语更好呈现出来，以此来提升人们对民族文化的亲和力和认同度。

目前，互联网信息的传播流向具有无界限性。在研究信息的方面，一直以来，对于时间和空间问题都是钻研信息生产和舆论引导等相关传播学领域问题的重点独特视角，全媒体的信息内容传播存在着其独有的时空架构，可随时随地实现跨区域共建、跨媒体共享。与之前以传统媒体主导时代有所不同，发展到今天，对于全媒体的网络空间技术应用并没有固定的空间集聚区域限制。互联网媒介系统开创了全新的信息传播交流空间，可以使不同生产厂商、不同类别、不同操作系统甚至不同语言的计算机同时存在于同一个网络大环境之内。任何互联网网民不但能够随时接收来自世界各地的海量讯息，还能借用多种不同媒介方式向世界任何只要有网络的地点发出传递信息。种种迹象表明全程媒体中的信息传递流向具有无边界性，从而打下全媒体开放性特点的重要基础。另外，全媒体的开放性还具体体现在信息传播环境的开放性。全媒体信息传播环境的开放性表现在其技术环境和社会环境之中。在技术环境方面，全媒体电子科技信息技术的发展、互联网的普及率飞速上涨，使得信息的传播更加方便与快捷，极大程度提高了信息传播范围的开放性和自由度。而社会环境是各种所传递信息产生和进行传播的现实必备条件，是网络意识形态生成和加以转变的重要前提。现实中所出现的种种矛盾往往会通过一定的形式转移到网络社会环境之中，而网络舆论的形成同样也会进一步加大信息传播的宽度和速度。由此可见，互联网时代下信息在空间层面中所呈现的种种特性证明了全媒体的开放性传播特征。

（二）多样性

"全媒体"并不拘泥于传统单一的媒介传播，通过文字、声音、短视频、行为或者视觉艺术等各类方式传递信息，充分体现先声夺人的效果。全媒体时代网络技术拓宽了信息传播渠道，传播的主动权从传统的官方媒体、组织和机构转移到公民个体，个人凭借一部手机就能够制造出吸引眼球的新闻。例如，近几年在互联网爆火的丁真，就是因为其拍摄了抖音短视频而迅速在网络走红。与曾经的传统单向传播方式相比，新媒体的传播过程是双向互动的，增强了信息接收者在传播过程中的参与度，增加了信息传播的广度与深度，“全媒体”这个概念，不仅是互联网各种信息的简单交叉，而且是资源的全方位整合和多种传媒渠道的联通，以此达到强强联手、优势互补、功能互通、形态互联的目的与作用。信息传播“多元化”和“去中心化”导致了传播内容的多样性。之前主流媒体享有绝对话语权的时代开始裂变，多种观点、理念和思想在网络空间中进行碰撞、融合。人们的思想空前活跃，各种信息充斥着网络空间。网络空间的匿名性也使得很多信息能够“钻漏洞”逃避监管被发布出来，各种信息纷繁复杂，就更需要网民去用心甄别。

与此同时，全媒体糅合了报纸、电视、广播等传统媒体以及各类应用、门户网站等新兴媒体，能够对人们进行立体化传播，充分延伸了人们的视、听、说功能，使得民族精神文化在传播过程中可以突破传统媒体囿于静态传播的困境，形成中华优秀民族精神文化传播的“全息媒体”，并通过文字、影像、声音等对受众开展全方位中华优秀民族精神文化浸润。同时依托云计算、人工智能、大数据等，使受众多维度地受到民族精神的情绪感染。由于现代信息互联网技术的高度成熟发展，从而实现了电视节目媒体传播形式的个性化与多样化发展。在“将文化微小碎片化”的背景下的电台在其传播模式布局之下可以综合运用多种传播手段与方式。由文字、图片、音乐、视频加以组合以多种形式同步进行呈现，三维立体和虚拟空间成像技术的建立与构造在VR、AR、5G、MR3D等新兴高科技领域技术的加持下成为现实，互联网、物联网、人工智能和云计算等新兴产业技术不断得以诞生并飞速发展。媒介节目传递信息更加便利、多样强力，成为集“信息化”“图片影像化”“动态化”等多样特征于一身的“可视可触可感”的多角度全方位分享交流媒介艺术平台，从而为传播受众带来全新的感官体验，保证了节目传播过程中受众对其的适应度以及亲和度。

全媒体的多样性还主要体现在传播载体愈加多元化。随着信息通信媒介技术的不断成熟壮大以及现代互联网结构功能不断升级优化，各式各样的新型传播媒介以及移动互联网媒体已成为当前互联网全媒体时代进行信息加工和传播的重要渠道。一方面，以微博、大众点评为代表的新型互联网媒介平台，可以让网络上的大众自由参与到信息产生以及传播的过程中，尤其是有“超文本系统”之称的微博，其产生以及成熟更是完全颠覆了过去人们只能被动处理与获取信息的传递方式，它作为一个信息传递平台使得每位网民用户甚至是游客都可以直接分享自己感兴趣的话题与作品，并与他人进行互动、交流、评论与探讨。另一方面，以微信、腾讯、抖音为代表的移动媒体，让大众实现了随时随地的沟通交流，在信息发布者和信息获取者中达到一个微妙和谐的统一。视听觉等多种感官信息的发送和接收得以实现统一，也在很大程度上扩展了信息传播的功能，切实增强了信息传播的效果与受众体验。往更具体一点的层面来说，传统媒体所依靠的传播载体模式一般是报纸、电台、电视等，而PC端媒体的主要载体则是网站，不同的是，在全媒体时代，媒介之间的传播讯息依靠的主要是其一个个独立的App或专属公众号，如不同的传播主体都会有其名下的专属的媒体公众号来传递其想传递给大众的最有价值的内容。可见，经过全媒体时代的发展，媒介进行传播信息的载体也变得更加微小化、智能化、多元化、专有化，大众仅仅需要一部智能手机或者平板电脑、iPad就可以轻松便捷地将信息内容传递上去进行内容输出，且输出方式多样，不再拘束于单一的、孤立的、片面的传播模式，从根本上改变了过去传统媒介载体的传播途径方式。

全媒体传播的内容需有“叠嶂感”“陌生感”“代入感”，“叠嶂感”是指描述英雄抗震历史故事时有前因后果、欲扬先抑，写出抗震精神传播时痛点之痛、难点之难，并且彰显找到解决之道时的亮点。而“陌生感”是指对于熟悉的题材、熟悉的故事，提供给受众陌生的新信息、采用受众陌生的新叙事。“代入感”是指理解个体之困境，体恤个体之情感，让受众能够进入新闻情境、参与话题讨论。这样可以将似乎有些“遥远”的抗震历史变成具有代入感的“史上最惊心动魄的故事”。长城网以及《河北日报》特别刊发的《涅槃之路：唐山大地震42周年祭》《抗震精神铸就新唐山之魂》等一批值得阅读的好文，文章从记者的独特视角出发，其线索新颖、细节丰富、信息独特。故事里面有千钧一发、有绝处逢生、有勇敢与希望、有平凡与伟大。几篇文章起承转合连接巧妙自然，文采飞扬，富有激情。

（三）交互性

全媒体传播使得发布信息的主体与接受信息的客体之间有了千丝万缕的联系，从而使电视节目的信息传播方式不得已被急速更改变化。传统的传递模式进行单一信息输出已经成为过往，单一的线性传播模式已经被多主体同时存在、相互交往渗透传播的网状复合系统所替代。当前，对于自媒体传播的潮流趋势逐渐显现。学术界将群体成员内化和间接体验另一群体成员的认知和情绪情感的过程称为“群体共情”。而多元化的受众需求发展使得全媒体传播过程中的群体共情更容易产生。

在传统的现实时间空间内，传统媒介之间的单向信息传递具有不完整、非循环和滞后性等缺点，对于传播信息的主体与受体之间的界限泾渭分明。而在互联网发展到一定程度的全媒体时代，信息传播就不再是以往的“我播你看”“我读你听”的单向传播，而变化成为“人人都有麦克风”的互动极强的双向信息交流传递，社会大众参与传播的深度得到极大程度的扩展延长，人人都可以成为信息产生加工的主体。传播者既可以是信息的生产主体，又可以是信息的接收者或者说是客体性的传播主体，改变了以往单纯由传播主体主导整个信息传播的过程的历史。信息受众既是信息的接收者，又可以在新的信息渠道成为信息发布的传递者，变为具有主导性的传播客体，作为信息传播主体中的一部分并有选择地接收符合其信息需求的讯息。即使受众是传播他人已经发布的信息，也不是一成不变地

“依葫芦画瓢”，而是经过思考后进行“二次加工”，在其中融入自己的观点想法，所以传递与互动的过程中带有较为明显的主观性。值得关注的是，全员媒体的出现，使得媒介传播中的传播者与受众不再是主客体相对立的关系，而是主体与主体之间所达到的平等的信息交互关系。像学者马克·利维所说：“一旦进入网络空间，个人和组织便能够凭借电脑化的大规模信息交流系统建立多向的相互联系，这时候，同一个人或组织既可以是新闻和信息的接收者，也可以成为新闻和信息的传递者。”近几年来抖音、快手、小红书等App的飞速兴起与发展，就是公众信息传播在全媒体中互动性与参与性大大提升的表现。

在新媒体的传播过程中，技术更新、受众人员的参与与信息反馈等互动性的增加都可以有效提升媒介的制作质量。新兴高科技手段运用使得节目制作水平大幅提高，照片拍摄、背景音乐的节目特效增加了媒介产品的美感，与专业团队的合作交流更是可以使节目组把有限的精力投入最重要的内容编制、制作、深度加工等关键环节，文字、图片、视频、声光影像等的巧妙结合使节目的视觉冲击力、感染力与受众的互动性达到最佳。观众随时随地参与传递过程中的互动环节，表达其情感看法，交流感受，进行评论，从而可以实现甚至超越全媒体传递过程中预设的情感和价值目标，极大程度增加宣传效果。

（四）针对性

互联网出现之前，无论是报刊、广播还是电视，都会受到范围限制，而依托于互联网建立的各种媒体，只要发布信息，传播范围就会突破地区和国家的限制，甚至全球都可以看到。与此同时，全媒体通过把握受众需要和阅读场景，将信息分类精准传达。直播可以满足长时间、无时差、密切关注多种受众的不同需求；全媒体传播还有一个独特的名称——微传播，而微传播适用于利用碎片化时间快速阅读的受众，小程序能够吸引偏爱轻松参与的受众。智能手机媒体能够满足受众移动阅读的需要；纸质媒体对于深度阅读场景仍然不可替代。不同媒体平台也各有特点，全媒体时代人们随时随地可以接收央视新闻、学习强国等各种各样的信息，传播时间大大缩短，人们坐在家里就可以获知已经发生或正在发生的“世间闻”“天下事”。人们的业余时间正日益被“短平快”类的信息占据，很多软件公司能够利用大数据将使用者的爱好、习惯摸得一清二楚，通过大数据分析，可以精准地向对象客户投送细分信息，通过客户的偏好研判，全媒体的客户群落通过跨媒体平台获得其所潜在需要的信息种类，并以最小成本、最优途径、最佳效果传达到客户群体。

伴随着科技的发展，目前传媒界在大数据、人工智能和云计算技术的支持与帮助下，对于传播信息的受众需求把握变得越发准确，如此以便于媒体可以更加精准地发布相关信息。在传统的传播模式中，广播、报刊等系列传统媒体在发布完信息后，无法准确地获得受众的收听收看反馈数据，我们把这种传播称为“非全效传播”。而在当前，相关新闻媒体通过有效地利用数字技术，其不仅可以针对潜在受众的相关信息获取需要发布的信息，还能及时收获受众对于本次传播结果的反馈，以便于进一步完善日后的信息传播。另外，全效的传播媒体之所以具有针对性还因为其“媒介的相关功能齐全”。在全媒体时代，各类信息涌入网络，复杂多变，社会大众可以轻松从各种平台获得各类信息，从而最终导致单纯依靠发布信息为主导功能的媒介的用户依赖度不断降低，一些当前新媒体不断尝试突破其原有的功能限制，搭建集社交、商业、政务信息等各种功能于一身的综合型服务平台，以期吸引更多受众群体用户。全效媒体集合产生形成了具有服务社会大众生活需求的效益、有效结合了目前互联网受众的传播效益以及开发出全新商业模式的经济效益。除此之外，媒体的效果针对性也体现了媒介作为载体其自身功能定位模式的显著变化发展，在目前实现移动端媒介融合的全媒体时代，媒体通过为大众提供各种各样的信息，已成为大众离不开的日常化、社会化的功能型介质，正是由于其功能效益的多元，为其打造了针对性的基础，从而促使人们的社会生活方式、思维习惯等发生深刻的转变。

这种针对性贯穿于全媒体传播体系建设的始终，为媒体传播效果的最大限度发挥与社会受众信息需求最大限度满足提供了最佳选择。纵观历史媒介的发展，对于传播效果的最大化始终是新闻生产的各类主体最终追求的目标，而如何实现信息传播效果最优化是困扰传统媒体发展的难题。全媒体移动互联网时代来临，大数据、人工智能、云计算、虚拟现实等一系列高科技产业技术不断发生革新，受此影响，新闻生产与传播领域也在不断进行着新产业布局结构的创新性探索，媒体行业想要向全媒体转型发展，在其过程中逐步建立起响应需求、传递价值和针对宣传的创新宣发管理体系。在这样的媒体机制之下，全媒体产业通过在内容传播链上构建出网络大数据管理系统，通过不同渠道进行数据采集、融合、分析等一系列复杂的技术处理环节，对不同受众用户进行深入挖掘与智能化需求处理，从而为用户提供更符合其兴趣需求的个性化推荐，做到精准分发、及时反馈，最大限度地满足受众的信息需求，提升宣传效果。

（五）融合性

全媒体是多元传播媒介所组成的有机整合，是将书报、广播、电视等传统媒体与网站、视频平台等新型媒介加以全面融合后所形成的内容共融、载体通融、方式兼融、利益互融的全新互联网传播生态。

传统媒体与新媒体的融合是全媒体融合最为基础也是最为显著的表现形式。随着社会的发展，青少年群体已经成为媒体信息传播的主体力量，传统媒体由于受到技术和固定的传播方式限制，无法满足当前互联网媒介信息生态网状传播的相关要求，而新媒体的出现解决了这一问题，具备了这方面优势，成为青少年群体接收和传递信息的主要媒介形式。但是，在相关媒介信息传播过程中，传统媒体所代表的权威性则是新媒体无法比拟的，因此通过实现传统媒体与新媒体的深度融合，从而实现传媒讯息传播效果与公信力的有机统一，是当前新型全媒体构建的基本出发点，也是主要特性。

而融合性又可以表现为媒体之间的横向融合以及不同层级媒体之间的纵向融合。具体解释如下：媒体的横向融合。媒体之间的横向融合指的是在同层级媒体之间发生的相互有机协调合作，同样也是对于目前来说实现新型全媒体结构建构的重要形式之一。当前的地级市、省级的新媒体平台运行类型更加多样丰富，县级乡级的融媒体运行水平也在逐步进步提升，这种欣欣向荣的发展趋势为媒体之间的横向融合打造了稳固良好的运行发生基础。如果可以充分借助同层媒体之间的横向融合在技术方面的优势加以结合，通过多种形式进行交流合作，在政府重大政策宣传推广、跨区域典型事例正面宣传方面，优化横向融合的传播结构形式，相信可以起到更加良好的宣传效果。举个例子，在某地务工的外地青年勇救失足儿童而不幸牺牲的新闻事件中，通过两个不同省级或市级的媒体的联动宣传，在牺牲地和见义勇为青年故乡都起到了积极的宣传效果，从而在社会层面可以树立起青年群体勇敢典型形象代表，同样也会对各地学校的安全教育起到积极的促进作用。

媒体间的纵向融合，顾名思义，就是指中央与地方或省级与市级等不同层级之间媒体的深度融合，地方媒体通常较中央媒体来说可以更加深入新闻实际发生地获得一手新闻信息，但是在制作能力以及制作水平上还有进步空间。同样，由于是地方媒体，也受限于媒体覆盖能力和受众影响力，所能起到的宣传效果相对有限，难以达到全国范围内的传播。而媒体之间纵向融合则可以有效解决该问题，在中央与地方的统一协调领导组织之下，由中央媒体和地方媒体共同参与新闻的制作采集，所制作出的新闻以及信息传播产品可以在各级媒体平台、各种媒体渠道上进行同步播放，能够形成全面的全媒体矩阵效应，优化各级新闻信息传播模式，最大限度地提升传播宣传效果。总而言之，不同媒体间进行纵向融合发展，为扩大地方媒体影响力覆盖面，提升其宣传效果起到积极的推动作用。

三、全媒体传播的意义

（一）全媒体提高了信息传播的整体时效

信息传播的时效性是指信息在传播过程中的及时性和效果性。由于媒体与高科技信息技术的不断更新，受众的需求以及不同媒介之间的竞争对信息传播时效性提出了更加严格的高标准要求。全媒体的出现塑造了媒介领域内的时空感，信息传递流程线上的生产、传递以及消费，已不再是像以往传统传播模式那样有固定时间空间范围限制、线性发展传递模式，而变成24小时全时段覆盖、可以随时产生、即时消费的状况，在很大程度上增强了信息传播的整体时效性，这是全程媒体对比于传统媒体无法忽视的巨大信息传递过程的优势。

提升信息传播的整体时效性具有如下表现。第一，全媒体与高科技智能技术的结合提升了信息处理与传播速度。AI形象主播、VR直播等技术纷纷被应用到信息传播过程当中，其高科技的信息处理系统可以第一时间准确捕捉受众与信息的共同之处，精准定位，迅速将信息反馈至客户端。尤其是目前随着5G时代的来临，数字技术的发展正大力推动全媒体传播朝着智能化方向转型升级，总之，全媒体已经逐步突破传统媒体受限于人工信息制造以及传播速度的局限性，形成了协调联动一致的传媒传播生态系统。让信息传播无时无刻在世界各地发生，有效解决和满足了受众想要即时接收信息的现实需求。第二，网络主导意识形态对信息传播时效性提出了更高要求。一方面，这是形成互联网意识形态传播领域长效机制的必要条件。目前现实社会场景已逐渐转移至互联网领域，互联网的“虚拟社会性”不断增强，通过充分发挥全媒体方面的信息传播幅度大、范围广、时效性强的优势，从而不断提升网络意识形态的传播效力，切实防范网络意识形态领域安全风险。另一方面，通过对媒介传播时效性的高要求也是迅速及时地应对突发性信息传播危险的需要。全媒体背景之下，信息发布主体多元、信息发布方式多样，可以为网络受众在第一时间迅速获取其想要的信息提供方便。相比于传统媒体，全媒体可以为信息传播节省大量时间成本和人物力成本，这也使信息传播的时效性得到进一步有效保障与提升。

（二）全媒体时代为精神文明的传承创造了机遇

首先，全媒体为传承唐山抗震精神文化带来了全面技术。全媒体技术和媒体融合生态的形成，为记录、保存、呈现唐山抗震精神文化带来了全面的技术。在不同的传播时代，文字、图像、声音、视频等不同的传播媒介都有自己的传播优势，而在全媒体时代我们可以将这些媒体技术整合起来运用，字与图、光与电、数与网都可以成为唐山抗震精神文化传承的工具。其次，全媒体为传承中华优秀民族精神文化扩展了受众对象。自2014年党中央推进媒体融合发展以来，官方主流媒体的全媒体发展取得了累累硕果，形成了传播范围的扩展和受众的叠加，为唐山抗震精神文化的传承扩大了受众规模。最后，全媒体为传承唐山抗震精神带来了创新手段。在全媒体时代，媒体的业态界限逐渐消失。全效媒体集内容、信息、社交、服务等各种功能，各类新传播方式和传播手段不断涌现。主流媒体积极推动正能量，使主旋律的形象和声音直接进入各类用户终端，占领新的舆论场域。唐山抗震精神的传承可以依托这些新功能、新手段，创新传播方式方法，将精神文化融入内容制作、信息传导、社交分享之中。

在全媒体的推动下，各类平台为人民大众提供了极为广阔的唐山抗震精神文化创作和研究空间，以此可以将唐山抗震精神文化传播由地区话语转向大众话语，实现抗震精神文化的全民认知。一方面，相比于以往大众作为抗震精神文化传播过程中的旁观者，在全媒体赋能下，人们可以通过各类网站发表自己的观点，充分调动个体参与积极性，成为唐山抗震精神文化内容呈现的主动生产者，因而可以消除在唐山抗震精神文化传播过程中可能出现的内容被曲解、被误导等问题。在全媒体下，每一位个体都是一个传播节点，在接受唐山抗震精神文化熏陶的同时又可以开始新的传播，从而形成唐山抗震精神文化传播网络。另一方面，人们在自媒体平台积极“发声”解读或创作抗震精神文化的同时，也会融入自身对唐山抗震精神文化的感悟，将唐山抗震精神经典与个人理解相结合，使唐山抗震精神文化通过大众话语呈现出来，加深人们对唐山抗震精神文化的大众普及度与内心认同度。

（三）增强时代精神文化与现代文明融合和创新发展

融媒时代，主流媒体建立全媒体传播体系要以先进技术为支撑，旨在打造全媒体传播平台。从铅与火，到光与电，再到数与网，技术对人类信息传播体系的发展变迁起着决定性支撑作用。传媒技术发展带来了传播方式的急剧变化，建立全媒体传播体系需要建立新的技术支撑体系。一些主流媒体在建立全媒体传播体系过程中存在“有爆款，没用户，有流量，没平台”等现象。全媒体传播体系发展受社会变迁、技术变革、人口变化、文化发展等影响，其中传播技术进步是传播领域生产力持续提升、传受关系改变的重要动因。技术进步使媒体传播中主体、形态、过程、效果方面进一步增强全员、全息、全程和全效属性。构建全媒体传播体系要依托数据抓取、数据挖掘、移动直播等先进技术支撑，主流媒体打造全媒体传播平台，形成多样传播形态、多元传播渠道、多种终端载体的主流媒体传播生态圈。先进技术又是媒体创新发展的引擎，为主流媒体培植和强化技术基因，引领媒体融合发展、驱动全媒体传播迭代。

恰当的传承策略是全媒体时代背景下重要且有效的手段，它能够促进中华民族精神文化的表现形式和文化基因在全媒体时代中实现文化的传承与延续，并与现代的气质紧密结合。中华民族精神文化源远流长，博大精深，只有在全媒体时代具备先进的传播思想和策略，才能得到广泛的传播和充分的发展、创新。民族精神文化只有采用全方位的传播媒介，高效、全面地宣传和弘扬，才能取得良好的传播效果，才能使唐山抗震精神文化真正地深入人心并得以传承。全媒体糅合了报纸、电视、广播等传统媒体以及各类应用、门户网站等新兴媒体，能够对人们进行立体化传播，充分延伸了人们的视、听、说功能，使得民族精神文化在传播过程中可以突破传统媒体囿于静态传播的困境，形成民族精神文化传播的“全息媒体”，并通过文字、影像、声音等对受众开展全方位的民族精神文化浸润。同时依托云计算、人工智能、大数据等，使受众多维度地受到民族精神的感染。

（四）强化了信息传播渠道的多重复合性

全媒体传播渠道就是“传播者和受众之间相互进行信息交流的各种途径、手段、方式”。全媒体推动当前的主流媒体形成纸媒、端媒、网媒三种媒介传播渠道，信息可以通过这三种不同媒介形式加以组合从而实现多角度传递，进一步推动媒体之间的深度融合与转型发展。通过线上线下不同媒介平台的优势结合互补，强化信息传播渠道的多重复合性，可以提升形成网络意识形态传播新局面的迅速创立。

第一，在纸媒层面多重复合。全媒体已成为现代社会发展的必然潮流趋势，纸质媒介作为传统媒介已经逐步向数字化和信息化加以转变。但是对比当下，纸媒与端媒、网媒之间还存在着明显的不足与短板，比如对于信息的传播手段缺乏创新、信息传播模式相对过于单调等一系列问题。因此，大部分传统纸质媒体开始探索结合全媒体的信息技术以及对于当前受众的信息需求进行一定程度上的转型和重新建构，不断提升传统媒介自身的数字化和智能化发展水平。第二，在端媒层面多重复合。我们目前大多所提到的端媒概念，可以看作“两微一端”，主要指的是微博、微信以及新闻客户端，是当前媒体业界内的主要传播根源以及传播方式途径之一。其对于信息的处理呈现出发散性和多层次性的传播特征，这种特征进一步丰富和加深了社会群体信息传播的方式，同样也扩大了传播的应用范围。第三，在网媒层面多重复合。网媒即指网络媒体，是一种互联网复合型的信息发布媒介平台，其最大特点就是能够综合运用多种媒介手段实现社会大众跨越时间跨越空间以及跨越边境的信息交互。网络媒体凭借其虚拟、交流的信息传递方式打破了原有的自上而下的单一传播手段，加深了不同社会群体之间的内在或外在的联系，成为当前人们进行信息交流和沟通的重要手段渠道之一。

不仅如此，全媒体还能够最大限度地发挥媒体作为矩阵组合的传播优势，打造信息凝聚力。换个说法，全媒体除了超越时空限制把信息进行加工传播以外，还可以将文本、图片、声乐等多种媒介要素加以集聚进行效果累加，以一种更加具有吸引力、更具备深刻记忆点的方式来满足受众的视听需求。因此，全息化的全媒体赋能就可以突破以往对于民族正向奋斗精神教育交流受阻、时长受限、吸引力不足的局限性，综合运用多种媒介形态，借助复合化的传播渠道，将当代思想政治教育融于信息传递过程中的各环节、各领域，以“润物细无声”的方式潜移默化地来达到正向信息精神层面的培养与教育。一方面，从信息生产方面来说，目前的信息传递处于“内容为王”的时代，培育新时代大学生民族精神，需要适应“信息爆炸时代”的节奏，将多种新媒体革新技术加以结合平行迁移应用到教育实践当中。而全媒体的复合型矩阵打造正好满足这一需求，其整合了校园论坛、官方微博、贴吧等常用的互联网平台，在对用户分析的大数据基础之上，基于当代青年的个性发展特点，通过雨课堂、创意短视频、知识竞答小程序等跨时空、跨地域的便捷方式，使得民族精神教育随时随地可看、时时刻刻可学。另一方面，对于信息的接收端来说，“全媒体拟态环境”的合理开发，使教育信息被多种媒体平台、多样互联网信息承载媒介载体所展示，同时使其被多种传播渠道、终端加以接收，以此来保证不同主体在不同时间、不同地点都可以迅速便捷地掌握其需要的讯息，即通过多种渠道把握不同受众青年的精准需求，从而避免了教育工作共性过多、难分主次矛盾所导致的系列问题，有效增强了民族精神培育的时代感与共情力，使得受众群体更加愿意基于个人情感兴趣自发接受而不是被硬性条件所要求，使其主动查阅和接收有关信息传递的核心“内容供给”。

（五）全媒体时代地方文化融入高校思想政治教育的独特价值

地方优秀传统文化是一个地方经过长期的历史沉淀后人民风俗习惯、思想观念、生活方式、情感表达的具体体现。作为中华优秀传统文化的重要组成部分，中华民族优秀精神文明蕴含着中华民族在历史中形成的丰富的人生观、价值观、生态观等思想精神内容，借助全媒体平台，深入挖掘和运用其中的思想政治教育资源，对进一步增强学生对于本国的文化自信、培塑学生正确价值取向、提高思政教育的针对性和实效性等具有重要意义。

思想政治理论课是开展大学生思想政治教育的主渠道、主阵地，将中国特色社会主义精神文化融入高校思想政治教育，必须从教材、教学内容、教学方法等入手，全方位推进思想政治理论课程改革创新。具体而言，一是优化教材编写。在编好纸质教材的基础上，依据全媒体传播顺应互联网发展趋势，丰富学生网络学习资源，积极开发图、文、声、影并茂的在线电子教材，这样既可以让学生随时听、随时学，也可以弥补在纸质教材的情感上的不足。二是可以丰富大学生思政教学内容。根据不同专业与课程的需要，广泛选择带有地方特色文化的相关内容，如人物传记、名人事迹、革命遗迹、精神文物、影音图片、人物口述回忆录等，让学生多渠道、多层次地接受中华本土民族精神文化的熏陶。三是创新教学方法。实施互动教学，通过开展主题演讲、辩论等方式，引导学生共同探讨深入交流，让学生在师生间、生生间双向或多向互动中，真切体会中华优秀精神文明的文化精髓。开展情景式教学，关注学生在情境中认知体验，运用现代信息技术模拟真实场景增强学生的参与性，深化对地方特色文化精神内涵的认识和感受。推进多媒体视频教学，在教学过程中，适当穿插精彩的图片或视频，以视觉、听觉的刺激使地方文化充满现代魅力，让学生在愉悦的学习中培养、激发民族自信和自尊。

高校承担着传承和创新地方文化的重要使命，构建民族优秀精神文化可以更有效地把优秀家国文化融入高校校园建设中，构建以地方文化为主题的校园环境，不仅可以最大限度地发挥地方文化的感染和激励作用，也有助于高校打造办学特色、提升人才培养质量。一是构建融合地方文化的文化理念系统。结合学校办学价值取向和育人要求，在学校顶层办学文化理念体系构建中融入优秀地方文化元素，可以充分发挥带有唐山地方文化的育人功能，帮助学生树立正确的人生观、价值观。如唐山师范学院汲取“公而忘私、患难与共、百折不挠、勇往直前”的唐山抗震精神文化精髓构建学校文化理念系统，并贯穿于教育教学全过程，有效培养了学生不怕困难、敢于拼搏、勇于创新的精神品质。二是便于更好地开展以中华优秀精神文化为主题的校园文化活动。当前，许多高校是思想传播的主阵地，多所高校开展了丰富多彩的校园文化活动，建立健全中华优秀文明文化传播平台，高校可以将其作为学习、传承地方文化的阶梯，通过多种方式将民族优秀进步精神文明融入诸如大学生校园文化艺术节、社团活动、艺术展演等活动中，以此丰富学生的精神生活，涵养学生品行，提升学生的人文道德修养。三是有利于营造良好的地方文化硬环境。部分地方高校将中华民族优秀精神文明文化传承与校园规划设计紧密结合，通过建造体现本地本土文化的人文景观，以地方的名人命名校园道路、教学楼等方式，可以有效激发学生了解地区精神文化的主动性和积极性，潜移默化地增强学生的文化认同感和自豪感。

（六）宣传提升了城市品牌与国家形象

在当前全媒体传播的潮流趋势大背景下，家国民族文化精神可以通过互联网大数据、书籍、报刊等多种平台媒体介质进行传播，形成立体而富有层次的传播效果。媒介之间通过融合不同媒介之间差异性互补，从而使得民族精神文化迅速走进大众的视野范围之内，这对于中华民族精神文化的影响意义深远，在一定程度上为民族精神发展起到了促进作用。除此之外，民族精神文化得以迅速发展，也带动了中国的文化旅游业的发展进步，通过另一种渠道宣传了中华民族的精神文化，满足了大众的精神文化需求，增加了大众对于家国民族文化的认知度与熟悉度，丰富了整个国家的对外形象。在继承和繁荣民族精神文化、服务人民生活方面取得了显著的效果。当前，以中华民族精神为核心的中国人民在不断吸收民族精神文化的优秀奋斗精神，为中华民族的发源地良好形象的塑造做出努力，不知不觉中改变着人们对中华民族精神的固有印象。

大力宣传唐山大地震的抗震历史，有利于打造唐山市地区品牌形象，凸显精神文明地区融合成效。扎实开展宣传抗震示范活动，组织开展工作人员向群众发放《地震知识百问解答》《地震避险自救》等宣传资料活动，组织参加唐山抗震纪念日宣传等活动。围绕唐山抗震历史进行学习与教育，制作抗震精神文明宣传广告，为各项宣传工作营造浓厚积极氛围。政府文化局印制了具有唐山地区特色的宣传品，让更多的人关注中华优秀民族精神文化、了解中华优秀民族精神文化、推广中华优秀民族精神文化。

中华优秀民族精神文化作为一种隐形的文明，在不断被国家层面提升至前所未有的文化自信战略高度的前提下，借助日新月异的新型科学技术的强大推动力，被不同的文化传播主体创作成以各种传播渠道为载体，凸显中华民族精神以及时代价值的文化精品。其中，以中华优秀民族精神文化作为媒介的多维度作品，不仅使得民族文化透显精神提振、强国强身、家国情怀等价值理念跃然于大众传播媒介之上，而且还使其以超越语言、地域、民族等因素限制的独特优势，通过当前仍留存的先进英雄人物以叙事的形式记录，以“口传、身授、体悟”的潜移默化话语，使中华优秀民族精神文化在全国范围内赢得广泛的认同。

从内容角度、现实意义角度和未来发展角度对于全媒体进行系统而全面的阐释认知工作，这不仅关系着未来新闻传播舆论工作的主动权归属问题，而且还会重塑目前媒体产业的相关形态，整合创新传播的形式和手段，更能激发各路新旧媒体进行深度融合的无限潜力，有助于主流媒体在互联网的背景下充分发挥舆论稳定器、社会黏合剂、价值指向标和喉咙发声器的作用，从而让社会主流正能量得到进一步强化，让时代主旋律的声音更加激昂。

第五章　革命精神的全媒体传播案例分析

革命精神是中国共产党和全国人民在革命各个阶段表现、流传下来的风貌体现，是漫长革命征程中沉淀下来的先进文化，是我们世世代代宝贵的精神财富，更是指引国家富强、民族复兴伟大征程上的精神动力。随着全媒体传播的逐步发展，革命精神的传播形式也越发多元化。从传播者来看，不仅主体更广泛，而且更加强调传播的参与性与互动性。从传播内容来看，突破了单一传递功能，讯息内容更加丰富，整体功效更加明显。从传播渠道看，不仅覆盖渠道更多元化，而且注重线上线下、虚拟现实的全方位融合。从传播效果看，在多维技术的支持下，真实立体的传播往往能获得观众的强烈共鸣。在全媒体传播理念的影响下，本章对新时代“红船精神”“长征精神”“延安精神”“抗美援朝精神”的全媒体传播案例进行分析，为唐山抗震精神的全媒体传播寻找方向。

一、红船精神全媒体传播案例分析

2005年6月21日，习近平时任浙江省委书记。他在《光明日报》上发表的文章《弘扬“红船精神”走在时代前列》中首次提出并阐释了红船精神，红船精神是“开天辟地、敢为人先的首创精神，坚定理想、百折不挠的奋斗精神，立党为公、忠诚为民的奉献精神”。

（一）政府倡导主旋律，大众热情创作

2021年是中国共产党成立100周年，建党百年献礼剧、献礼报道、献礼话题掀起创作高潮。借此机会，从中央到地方，各级政府积极利用全媒体平台，多渠道、多方面、多角度地传播伟大的建党精神——红船精神，将建党百年的气氛烘托到了最高点。

报社属于大众传播媒介，具有职业化、组织化与传播范围影响力大的特点。众多中央官方报社牢牢铭记党报的职责与使命，坚持做好“建党百年”重大主题的宣传报道。各地方政府也紧紧抓住地方官方报社的专业特点，加大对建党精神的宣传，发出相关系列报道。如长江报社，从2021年5月18日起，《长江日报》围绕建党百年主题，策划推出了“华彩长江·激越百年”系列报道。立足地方、放眼全国，不仅内容新颖，而且特色鲜明，成为建党精神的经典传播案例。

在建党百年的重要历史节点，电视剧制作单位回眸建党百年重要时刻，纷纷推出建党百年献礼剧，创作以庆祝建党100周年为题材的电视剧作品近百部，形成“百年百部”的创作生产格局，如电视剧《觉醒年代》《理想照耀中国》等。电影制作单位也推出了建党百年献礼剧《1921》《革命者》等。借助这样的生产格局和观看热潮，建党精神也得到了更进一步的传播。呈现了国内一流创作阵营的“红色剧目”荧屏闪耀的景象，实现了用镜头语言回访中国共产党走过的百年光辉历程。

随着各方媒体、创作者掀起的建党百年的文化热潮，众多人民大众创作者也自发地加入传播建党精神的过程之中。很多视频爱好者在抖音、快手等短视频网站发布自己的剪辑视频与相关推文，以个体的视角，从不同角度去展示党的百年光辉历史，渲染建党百年的热烈气氛，用大众的力量去助力建党精神得以进一步传播。

（二）全面展现、传播建党历史内容

以诸多影视剧的传播内容为例，“百年百部”影视剧或以时间为序，将镜头对准漫漫历史长河中的代表性事件；或定格于人物，创造历史的伟人或默默无闻的共产党员，皆是点亮百年党史的主人公。如电视剧中最具有代表性的作品《觉醒年代》，该剧以李大钊、陈独秀、胡适从相识、相知到分手，走上不同人生道路的传奇故事为基本叙事线，以毛泽东、周恩来、陈延年、陈乔年、邓中夏、赵世炎等革命青年追求真理的坎坷经历为辅助线，艺术地再现了一百年前中国的先进分子和一群热血青年追求真理、燃烧理想的澎湃岁月，其中杰出青年们在剧中所表现出的热血与精神深深打动着诸多观众，得到了极大的反响。正是对建党历史全面、客观的展现和对饱满的人物和关系的还原，让这部剧在互联网传播中掀起了红色文化的热潮。

报社报道为了更加全面地展现、传播建党历史内容，往往采用全过程记录的形式，还原历史画面情景，再现传播活动轨迹，增加红船精神的文化容量。以《长江日报》专题系列报道为例，节目组派出8路记者，分别到党发展历史上长江流域中20个发生重大事件的地方进行探访，通过探访呈现出中国共产党为中国人民谋幸福、为中华民族谋复兴的初心和使命，展示了中国人民站起来、富起来、强起来的鲜明历史脉络。这样的节目内容丰富，细节度高，感受度强，共情力强，让红船精神的展现更加饱满。

央视网、《人民日报》等推出系列微视频、微电影、主题MV，如《路》《在场》《少年》《这百年》《跨越时空的对话》等。这些内容以年轻人的视角，或展开历史青年与现代青年的对话，或回应历史人物的贡献与惦念，或在历史的维度回顾峥嵘岁月，挖掘历史与现代的关系，拉近了历史与青年的距离。在合适的时间节点，策划合适的热点话题，拉近心理距离，实现情感共鸣。例如，众多视频剪辑者在五四青年节的契机中发布相关献礼短片，将众多纪录片与影视剧中热血片段加以剪辑，还原了中国人民从站起来到富起来、强起来的伟大历史飞跃，使得大众观看者真切感受到中国共产党建党百年的光辉历程，深刻感受到伟大的建党精神，共同感受百年华诞。

（三）多元的传播渠道和消费场景

虽然红船精神是全民的宣传，但仍有其重要的宣传对象，如机关和企事业单位工作人员、党团员、学生等。在传统的宣传中，一般都是单向的固定情境，传播效果一般。在全媒体时代，除了传统的组织参观、代表讲演等形式，全媒体传播将社交分享、文化创意等功能也融入其中，更新了传统的传播形式。

以影视作品为例，影像既可以作为一种历史文本的存在，反映并记录社会文化和意识形态的发展，又能逐渐构建起一种公共身份，成为历史叙事与集体记忆的社会范式。因此，利用影视作品实现精神内容的传播具有特别的意义。影视作品不仅成了社会文化和意识形态的记录者，也成了文化产业链条中的重要商品，对提高观众黏性、加大传播效果显著。《觉醒年代》自播放以来，借助微博、微信、QQ等社交媒体进行传播，通过话题发酵、口碑传播，收到了良好的宣传效果。与其他电视剧有所不同的是，它并不是片方主动进行相关宣传，而是凭借自身影片的优秀口碑，得到了大众的广泛传播。在播出过程中，通过社交媒体，观众自发围绕影片主动进行交流，不仅巩固了已有受众，而且不断挖掘出潜在受众，提升了其追剧黏性，提高了传播建党精神的效率。同时，配合影视作品还推出了《觉醒年代》系列文创产品，如文具、盲盒、零食等。与剧中角色的场景和台词一一呼应，展现特别的人物个性，以贴近生活的物品为原型，融入了影视代入感，用年轻人喜爱的方式，拉近与年轻人的距离，创造了新的文化消费空间。

（四）把握受众需求，关注传播效果

红船精神传播的受众潜力是巨大的，这不仅仅是因为建党百年的契机，更是由于我国爱国主义教育的普及。对于祖国，大家心中都具有深深的热爱。同为中国人，无论文化水平高低还是年龄差异，我们都具有相同的民族情感，这也为建党历史和精神的传播奠定了基础。但我们也必须注意到，同有一颗爱国心，不同情况的受众群体其需求是不同的。所以“红船精神”的传播也需要根据不同的受众群体进行调整，从而实现更为广泛的传播。

以影视作品《觉醒年代》为例，作为主旋律类型的作品，在相对泛娱乐化的网络环境下，通过融入泛娱乐化的内容，更好地传播了人民群众的炙热情怀。不管是“60后”“80后”还是“00后”，各个年龄段喜闻乐见的作品在网络上高频出现，热词频频发出，热搜不断。既有对于剧中革命先辈的致敬，又有多角度的人物解读；既有对历史的探讨和反思，又有对时代的感悟和憧憬。复杂的情感、多元的需求，促进话题热度不断延伸。《觉醒年代》电视剧热播，正逢五四青年节，剧中反复提及“青春”与“理想”，通过电视剧得以有效表达，在相关节日文化的渲染下，提高了剧集的有效曝光。同时，在十大网络热门话题分布中，大量的表情包输出也成为盛极一时的话题，这类表情包通过有影响力的图文博主的生产传播丰富了话题的娱乐性，有网友表示“《觉醒年代》的壁纸时髦又有正能量，可以促进我每天进步，不要颓废”，这无疑也是对于建党精神的出彩宣传的体现，极大提高了红色精神的传播效果。

二、长征精神全媒体传播案例分析

长征路途遥远，经历磨难，一路艰辛。长征精神是红军在二万五千里长征过程中展现出来的革命精神，充分展现了革命理想的伟大力量。

（一）政府主导，大众参与

随着全媒体的发展，长征精神的传播媒介逐步拓宽，在全面化、迅速化、技术化的传播环境下，由政府牵头主导，大众积极参与，进行相关长征精神内容的创作与传播，逐步形成了“政府主导，大众参与”的传播局面。

CCTV是中央广播电视总台电视节目官方平台，也是传播思想、宣扬正能量和主旋律的重要主体。从中央广播电视总台的相关策划来看，在纪念长征胜利80周年之际，中央广播电视总台通过纪念长征胜利的公益广告，唤起了大众心中的长征记忆，展现出革命将士们不朽的精神。通过改编小学课本中课文《金色的鱼钩》，推出公益性广告，在CCTV各大平台上循环播放。除了公益广告片的发布，央视优秀纪实纪录片的制作也是层出不穷，由中央广播电视总台牵头，联合其他优秀纪录片导演，创造出多部真实的长征写实纪录片，例如《长征》《震撼世界的长征》等，起到了多渠道的传播作用，达到了很好的传播效果。

作为文化和旅游部管理的国家政府机构，国家文物局制定了促进传承长征精神的相关政策并推出了长征精神主题相关活动。如国家文物局组织开展了“互联网+长征”的教育体验示范项目，由北京清华同衡规划院遗产保护与城乡发展中心规划设计，中国联通承担相关互联网任务，并联合北京电影学院、中国地图出版社协同设计实施，项目建设内容包括全国长征文物地图线上应用、“强渡天险”场景体验、红色研学课程开发等，利用“5G + AR”等相关高端技术，不用前往实地，只需要通过搜索相关小程序，即可达到重游长征的目的。以此便捷的重游互动，积极传播长征精神，引导受众行为，创新了长征文物的展示与传播水平，增加了长征文物对于大众的吸引力，吸引了更多网友通过互联网技术重走长征路。促进了大众更加清晰、全面地了解长征历史，感受那次壮阔的远征，引导更多人参与长征文物的保护与监管，切身体验感悟长征精神，走好新时代长征路。

（二）传播以传承教育为主要目的的内容

在全媒体时代，媒体功能大大丰富，全效媒体体现的信息服务、教育教学、习俗构建等功能赋予了长征精神传播的更多可能。“互联网 + 长征”示范项目创造性地用教育功能带动长征精神传播，实现了很好的传播效果。通过微信直接搜索进入长征文物地图微信小程序，进入该小程序后即可展示出长征的具体路线，记录了红军长征所经历的600余次战役战斗。每个长征文物点都有一个圆点，点开即可查阅到与长征文物点相关的背景与故事，每个背景故事和文字的背后都是不怕任何艰难险阻、不惜付出一切代价的长征精神的深刻体现。通过电子地图的方式使得大众更加了解长征路线以及长征路途中发生的事情，从而达到文化教育与精神传承的目的。点开纪念馆官网网页即可线上为长征战士们送花并且进行一次简单的纪念仪式，这样的纪念活动实现了精神传播与当代先进数字技术的结合，增加了参与者的互动感、仪式感、体验感，在缅怀英雄、铭记历史中提升了民众的爱国意识，增强了人民对党和革命先烈的崇敬之情，传承了历史红色基因，弘扬了长征精神。

（三）多样化、个性化、全面化的传播媒介

为了纪念长征胜利，多年以来，推出了一系列与长征精神相关的优秀影视作品，如电影、电视剧等，促进了长征精神的传播。如八一电影制片厂自建厂以来先后创作了23部长征影片和9部长征电视剧，起到了重要的激励作用和教育作用。

除了传统的影视作品，公益广告和纪录片也促进了“长征精神”的多元化传播。如2016年，为纪念长征胜利80周年，央视推出特别公益广告《金色的鱼钩》。该公益广告由长征过程中发生的真实事件改编而来，与学生的语文课文相呼应，讲述长征途中一位炊事班班长照顾三个生病的战士过草地，完成党组织交给的任务，却牺牲了自己的故事。深刻地表现了红军战士忠于革命、舍己为人、无私奉献的崇高品格和伟大精神。虽然是一个人们非常熟悉的故事，但用艺术性的表现手法加以表现，用公益广告的形式演绎出来，十分新颖，更加感人肺腑。长征故事、长征精神、公益广告的结合真正体现了公众受益，对于社会公共道德观念形成以及大众思想体系的建设产生了的积极作用。

在新媒体的环境下，纪录片的传播形式也发生了变化。除了基于真实事件、真实场景的制作拍摄带给大众的视觉震撼和教育意义，大众还会积极地参与到纪录片的拍摄与传播之中，这对于精神类纪录片的传播来说无疑是锦上添花。随着中国纪录片行业的迅猛发展，观众接受度和口碑逐渐提高，纪录片的表现形式也越发多元。除了传统的档案、史料、口述内容，还增添了新颖主题的策划，如鲜为人知、震撼人心的故事，真实人物的讲述，视觉手段的呈现，专业演员的场景演绎等。2016年由闫东执导的文献纪录片《长征》就以全景式再现了长征的历史，全方位回顾长征的过程，实现了长征精神的传承和发展。

“互联网+长征”示范项目中借助了设计小程序、App以及“5G+AR”的技术，对长征的历史进行全面的场景还原，使得使用者可以进行身临其境的沉浸式体验。在微信本身的社交属性加持下，小程序很容易和微信用户形成良性互动，加强了用户使用小程序的黏性，促进流量变现，提高了传播效果。借助微信小程序，依托微信自身的传播力和传播范围，基于微信公众号进行普及和推广，三者相互结合，传播效果十分显著。长征文物地图微信借助了小程序的传播特点，获得了广泛的传播对象，再加上形象化和新颖的设计，助力其从众多传统弘扬长征精神的方案中脱颖而出，起到了广泛的传播作用。借助AR技术，增加了场景的渲染程度。增加了学习长征故事、重温长征历史的体验感，使参与者有机会更直观、更深度地体会与感知长征的艰辛。为了配合线上内容，策划方也充分做好了线下传播准备，考虑到不同年龄阶段对于该历史部分的学习与感悟不同，还开发了对应的中小学生红色研学课程，让学生在行走中了解长征历史，感悟长征精神。

除此之外，在微博、微信等平台，《人民日报》《光明日报》《求是》《解放军报》等主流媒体纷纷推出以长征为主题的话题和活动，在抖音、快手等短视频平台上发布了大量的长征系列历史讲述、长征片段回忆、微电影故事演绎、重要人物解读等。这些作品通过不同的形式展现了长征的艰辛历程和长征精神的伟大意义。抖音平台发布的长征歌曲的演唱，如《四渡赤水出奇兵》的大合唱视频，展现了红军在长征途中的英勇与智慧。一些学校、个人也在抖音上发布了纪念长征的活动视频，如重走长征路、长征故事分享会等，吸引了大量用户的关注和参与。除此之外，一些创意短视频制作者通过动画、特效等方式，将长征故事以更加生动、有趣的形式展现出来，吸引了大量年轻用户的关注。如央视新闻转发了“一只胖鹦鹉”的手工制作场景视频，其以手工制作的形式生动地重现了长征过程中的重要故事，获得了29.5万的点赞数量，引发了民众的共鸣。

（四）社会普通民众实现网络交互

随着科学技术的不断进步，媒体环境也在发生不断改变。人人都成了信息的传播者，可以借助新媒体工具与手段将想要传递的信息及时进行分享。伴随全媒体带来的媒体行业深度融合，电视节目、新闻报道与互联网的融合也深刻地体现了社会普通民众的网络交互。以纪录片为例，作为传统电视节目类型之一，都是通过电视进行单向内容输出。借助网络，纪录片获得了依靠长视频平台、官方网站、订阅平台等多渠道进行传播的可能性。再加上视频剪辑的助力，将原本系列化的丰富内容加以剪辑，使之模块化、精练化，得以在抖音、快手、微博、微信等平台上进行播出，实现了更宽广的传播平台，拓宽了纪录片传播渠道。剪辑、修整后的纪录片片段内容针对性更强，囊括的受众群体更大，符合人们碎片化时间的要求，使得其由原来的单向传播发展为交互传播，真正有效地传播于社会大众群体之中，达到了广泛传播长征精神的目的。在长征精神的传播过程中，网络民众不仅是受众群体，同时也承担了传播者的角色。其在网上阅读文章、观看视频的过程中，进行点赞、收藏、转发、评论、分享等一系列操作都会促进长征精神在更大范围的传播。除此之外，众多短视频创作者创作的优秀视频也为长征精神的传播起到了极大的作用。正是他们创作的优质的内容，如个人视频用户对长征故事的深度解读等，形成了话题现象，推动长征精神的传播热度不断攀升。

三、延安精神全媒体传播案例分析

延安精神是中国共产党创造的红色革命精神之一。作为中国共产党在延安时期形成的思想，延安精神是马克思主义与中国革命实践相结合的产物。它的主要内容包括实事求是、理论联系实际的精神，全心全意为人民服务的精神，自力更生、艰苦奋斗的精神。它的本质是解放思想、实事求是。作为党和国家的宝贵精神财富，延安精神在我国革命、建设和改革事业中发挥着巨大的精神动力作用。借助全媒体发展的潮流，延安精神的传播方式与传播效果也不断得以优化，实现了多渠道深层次全方位的传播。

（一）以大众媒体为主要传播主体

展现延安精神的影视作品十分丰富，这些作品通过不同的角度和故事，生动呈现了延安时期中国共产党人的精神风貌和奋斗历程，如《保卫延安》《历史永远铭记》《延安颂》《生产与战斗结合起来》等。延安电影团，全称八路军总政治部延安电影团，是中国共产党建立的第一个电影机构。《延安与八路军》是延安电影团摄制的第一部影片，记录了全国各地的爱国者从五湖四海来到延安学习战斗的情景，以及八路军指战员、战士们与人民群众在生产备战中建立起的血肉联系，在革命战争中培育军民鱼水深情的情景。2021年6月16日，“永葆初心　砥砺奋进——庆祝中国共产党成立100周年电影影像专题展”开幕式在中国电影博物馆举办，其中由延安电影团制作的象征延安精神的徽章“埋头苦干”以全新的形式隆重亮相，该徽章是响应毛泽东同志“自己动手丰衣足食”的号召，用废胶片制作而成的，谱写出了延安电影团“自力更生、艰苦奋斗”的精神。

近些年来，作为延安精神思想传播的主阵地，延安大学承担着将延安精神与新时代结合，从而更好地传承精神的责任与义务。延安大学非常注重思想政治课的相关教育，在慕课网站上开设了《延安精神概论》的相关课程，以网课的形式传播党中央在延安时期的事迹，从共时性结构角度讲解延安时期的理论建设、政治建设、经济建设和干部教育等内容，进而更好地促进其传播。结合当代年轻人的特点，用他们喜闻乐见的新媒体方式讲好延安故事，把延安精神的火种播撒到广大青年学子心中。

图书影像出版社也是延安精神重要的传播主体。图书作为传统的传播媒介之一，在延安精神的传播过程中起到了重要作用。《历史的转折：中共中央在延安十三年》《话说延安精神：全面从严治党要继续从延安精神中汲取力量》《这里是延安：中国共产党对外如何讲好革命故事？》《延安精神教育读本》等相关传播延安精神事迹的书本，介绍了延安及在这片热土上诞生的宝贵精神财富，推动着延安精神更好地进行传播。以《延安精神教育读本》为例，它从圣地延安、我的理想、团结力量大等11个方面介绍了中国革命圣地延安以及在这片圣地上诞生的宝贵延安精神，全方面多角度剖析了延安精神的产生与深刻内涵。

（二）专业化、规范化的传播内容

延安大学邹腊敏副教授在慕课平台开设《延安精神概论》，以史为据、史论结合，综合运用案例教学法、史论结合法等多种教学方法。通过视频教学，引导学生深入理解延安精神及其时代价值。课程以党中央在延安十三年的光辉历程与基本经验作为导入章节，包括了党的建设是一个伟大的工程、延安整风与整风精神、陕甘宁边区的大生产运动、延安时期的干部教育、延安时期的劳模运动及劳模精神、延安时期毛泽东哲学思想的标志性著作——“两论”的探析、小米加步枪，何以得天下——延安精神及当代价值等内容，着力提升其理论素养和历史鉴别力，坚定学习弘扬延安精神的事业心、使命感，帮助当代青年更好地理解延安精神与延安故事，使延安精神实现全新时代的解读。

纪录片既是传播精神的主阵地，也是专业化、规范化内容的体现。《延安十三年》《延安精神》《我们，从延安走来》等纪录片，通过影像资料生动再现了延安时期的历史场景和延安精神的形成过程。为纪念建党91周年和迎接党的十八大，由陕西文化产业投资公司联合中央新闻纪录电影制片厂拍摄的12集人文纪录片《我们在延安》于2012年6月30日在中央电视台9套纪录片频道播放，依托延安电影团在当时拍摄的大量珍贵影像，通过情景再现、人物专访等方式，以纪录片的形式把观众再次带回那一段艰苦卓绝的历史岁月，重温革命前辈及普通百姓丰富多彩、鲜活生动的延安经历，将革命的记忆、个人的记忆、民间的记忆巧妙结合，以1937年至1947年的十年作为基点展开，选取日常生活视角，带领人们重回延安历史的深处，透视延安日常生活背后的厚重底蕴，重新解读延安精神所在。

（三）形式多样的传播媒介

在《人民日报》《光明日报》《求是》等党报党刊中，关于延安精神的表述主要强调了其重要性和深远影响，认为它是我们党不断从胜利走向新的胜利的强大精神动力。如《人民日报》评论员文章指出，老一辈革命家和老一代共产党人在延安时期留下的优良传统和作风，是我们党的宝贵精神财富。强调要坚持不懈用延安精神教育广大党员干部，用以滋养初心、淬炼灵魂，从中汲取信仰的力量、查找党性的差距、校准前进的方向。《光明日报》的文章《中国革命走向辉煌的力量之源——延安精神述评》中提到，延安精神是中国共产党在特殊历史阶段，在争取民族独立和人民解放事业的伟大斗争实践中，培养、形成和发展起来的崇高革命精神和优良革命传统，是推动中国革命走向辉煌的重要力量。

在抖音和快手平台上，有关延安精神的高流量作品丰富多样。这些作品通过不同的形式展现了延安精神的内涵和魅力。如《延安精神永放光芒》系列作品通过短视频的形式，回顾了延安革命圣地的历史，讲述了革命先辈的英勇事迹，弘扬了延安精神。视频中常常穿插着延安宝塔山、延河水等标志性景观，以及革命纪念馆、革命旧址等实地拍摄画面，增强了观众的代入感和情感共鸣。《红火延安年》是由延安市文化和旅游局组织摄制的短视频，展示了延安丰富多彩的年俗活动和非遗文化。视频中呈现了延川彩门大秧歌、洛川面花、安塞腰鼓等精彩纷呈的非遗表演，以及陕北油馍馍、羊肉剁荞面等地方美食，让观众感受到了浓郁的延安年味和深厚的文化底蕴。除此之外，“大国品牌”联合延安市人民政府等单位共同发起了红色之旅系列活动，其中就有“传承延安精神　迈向更新征程”的活动，通过记录活动现场、分享参与者的感悟和体验，展现了延安精神的传承和发扬，并在抖音上获得了较高的曝光度和关注度。

延安精神的传播还采用了网络课程模式。由于科技的快速发展，网络成为传播信息的新型手段与方式，众多传播文化的渠道也随之发生改变，新的传播方式不断出现。其中，慕课是打破空间、时间等诸多限制的一种传播手段，借助互联网传播范围大、传播速度快等特点，将信息通过专业老师的讲解实现最大化的传播。与传统单一的学生在互联网上搜索知识有所不同，网络课程有老师进行专业的讲解，从而保证学生更加有效地吸收相关知识。上课也不再只是特定学生的专属，社会上想要学习相关知识的求学者都可自行进行网络课程的学习，极大地提高了互联网传播延安精神文化信息的效率，扩大了延安精神的影响力。

（四）线上线下融合，强化传播效果

延安精神的传播效果是显著和深远的。延安精神是中国共产党在革命时期形成的重要精神财富，其传播和推广对于中国共产党的建设和革命事业起到了积极的推动作用。延安精神借助互联网，在多种形式下得到了线上线下的广泛传播，使党员干部和广大群众深入了解和认同延安精神的核心价值观，通过举办座谈会、文艺节目、读书会等，提高了人们对延安精神的认识和理解，也增强了人们的政治觉悟和革命热情。例如纪录片《我们在延安》中就蕴含了对于延安精神的解读，直接或者间接地在片中提示受众群体社会规范和价值体系，提倡和颂扬的是什么，从而引发关注并引导更深层面的思考，联系自身去进行一定的社会实践活动。通过延安精神在日常生活中的体现，强化对延安精神的传承，符合纪录片传播的价值观念。在高校中，延安精神的传播和实践也取得了显著成效。作为立德树人的一线阵地，通过将延安精神融入思想政治教育的全过程，不仅增强了学生的历史使命感和责任感，也培养了学生的爱国情怀和奋斗精神。同时，积极组织学生前往延安实地参观交流，使学生能够亲身感受延安精神的历史底蕴和时代价值，为培养新时代青年人才注入了新的活力。

四、抗美援朝精神全媒体传播案例分析

抗美援朝精神是马克思列宁主义、毛泽东思想同正义战争伟大实践相结合的产物，是人民军队宗旨、本色和作风的体现，是中华民族不畏强暴、敢于斗争的历史传统的弘扬，是中

国人民极其宝贵的精神财富。抗美援朝精神的全媒体传播也是通过多方面的努力和合作实现的。

（一）大众化与普遍化的传播媒介

抗美援朝精神的全媒体传播充分运用了大众化与普遍化的传播媒介。一是在重要的纪念活动和讲话中实现传播，如2020年，纪念中国人民志愿军抗美援朝出国作战70周年大会在北京人民大会堂举行，中共中央总书记、国家主席、中央军委主席习近平出席并发表了重要讲话。这次大会不仅是对抗美援朝战争伟大胜利的纪念，更是对在那段峥嵘岁月中英勇牺牲和无私奉献的志愿军烈士的缅怀。通过这样的大型纪念活动，人们能够更深入地了解历史，铭记先烈们的功绩，传承和弘扬伟大的抗美援朝精神。

二是通过媒体矩阵的同步直播活动实现传播，如在第十批在韩中国人民志愿军烈士遗骸回国这样的重要时刻，各大主流媒体进行了同步直播，生动展现了抗美援朝的精神内涵，使观众能够更直观地感受到这种精神的伟大和崇高。这些直播活动通过全国各大媒体的联动协作，以全媒体平台的矩阵传播优势，将抗美援朝的历史故事和精神展现给广大观众。如推出的“山川同念　英雄回家”主题直播活动，推动了相关内容的传播，使得抗美援朝精神在短时间内获得了广泛的关注和讨论。

三是在抖音和快手等短视频平台的展示。有关抗美援朝精神的高流量作品众多，这些作品通过不同的形式和内容，展现了抗美援朝战争的艰辛与伟大，以及志愿军战士的英勇与顽强，如抖音平台以“致敬抗美援朝志愿军”为话题的作品层出不穷，包括老兵回忆、战场纪实、英雄事迹等内容，这些作品通过真实的故事和感人的画面，激发了观众对志愿军战士的敬仰和怀念之情。

四是相关主题的图书的出版。抗美援朝图书作品众多，涵盖了口述史、书信日记、学术研究、文学艺术等多个种类，如回忆录与口述史有《我在朝鲜战场》《一个抗美援朝老兵的回忆》，报告文学与纪实作品有《谁是最可爱的人》《决战朝鲜》，学术研究与综合著作《巨人的较量》等。这些图书作品不仅记录了抗美援朝战争的历史，还通过不同的角度和方式展现了志愿军战士的英勇与牺牲，以及他们对国家和民族的忠诚与热爱。

五是影视作品的展示和再现。以抗美援朝为主题的影视作品十分丰富，如早期的《上甘岭》《英雄儿女》等，近期的《跨过鸭绿江》《长津湖》系列等。纪录片、电影和电视剧不仅是对历史的再现，更是对志愿军战士英勇精神的颂扬，它们通过不同的艺术形式和表现手法，让观众更加深入地了解这段历史，也激发了人们的爱国情感和民族自豪感。

（二）真实性、通情化的表达内容

抗美援朝主题的全媒体传播实现了真实性、通情化的表达。首先，无论是什么表现手法，都以深入历史研究为基础，创作者深入研究抗美援朝战争的历史资料，包括战役经过、人物事迹、武器装备等，确保作品的背景、事件、人物等具有历史真实性。通过参考官方史料、历史档案、回忆录等权威资料，确保信息的准确性和可靠性。在创作过程中，尊重历史事实，避免夸大、歪曲或虚构历史事件和人物。对于关键战役、重要事件和英雄人物，进行了详尽的考证和描述，以还原历史的真相。哪怕是融入艺术元素，也是在保证历史真实性的基础上，进行合理的、严谨的艺术创作。除此之外，通过情节设计、人物塑造、场景布置等手段，使作品更加生动、感人。通过艺术真实和历史真实的平衡，避免过度戏剧化或脱离历史背景。其次，作品也积极寻求与观众的情感共鸣，追求通情化表达。通过细腻的情感描绘和真实的情感展现，使观众或读者能够感受到作品中人物的情感世界和内心世界。如通过展现志愿军战士在战场上的英勇无畏和牺牲精神，以及他们与家人之间的深厚情感，来激发观众或读者的爱国情感和民族自豪感。通过深入挖掘人物的性格特点、内心世界和成长历程，塑造具有鲜明个性和丰富情感的人物形象，使之更加立体、饱满。注重人物之间的情感交流和互动，以展现人性的光辉和温暖，通过细节刻画增强作品的感染力和可信度。此外，还通过描写人物之间的对话、信件、日记等细节，展现他们的深厚情感和内心世界，强化主题和情感表达。

如《长津湖》电影正式上映后，无数观众发自内心感动地落泪，缅怀昔日革命先烈的事迹，感慨如今美好生活的来之不易。拍摄中最能体现民族气节的片段，如万里赴戎机，中国人民志愿军义无反顾赴朝作战，东线作战部队凭借钢铁般意志扭转作战局势等，无一不体现了抗美援朝精神中的英勇奋斗、不畏艰难险阻的顽强斗争精神。还原历史，才能够激发观众内心的真实情感，让电影的情绪在现实中得以继续延伸，也顺势让影片实现破圈层传播。影片传递的家国情怀感染了无数观众，片中的具体细节也让观影者为之动情。片中，战士们行军艰苦，没有干粮，只能吃冻土豆果腹，深深打动了观看电影的观众，感叹当时的志愿军战士们在艰苦的条件下保家卫国的不易，实现了通过细节达到精神价值观层面的传递。《长津湖》作为以爱国主义为核心的抗美援朝精神的影视化传播成功案例，将家国情怀以影像的形式制作并展现出来，以小见大，以家国情怀反映出小家与大家，将个体与社会、民族与国家联系起来。丰富了抗美援朝精神的传播形式，激发了观者内心爱国情感的表达与精神层面的讨论，将家国一体的文化精神传统深深融入每名中华儿女的灵魂深处。

（三）集共享、交融为一体的传播媒介

抖音、微博等互联网平台具有共享化、交融化的特点，为抗美援朝精神的传播和再生产提供了良好的传播平台。抖音具有受众范围广、传播速度快的特点，通过短视频片段、文字、图片以及相关的音乐配合，利用大众的碎片化时间，营造出特定的情境与氛围，快速吸引观众的眼球。不仅使受众感受到在抗美援朝中发生的重要事件，还能了解到惊心动魄的战斗情况，更能感知中国人民志愿军战士在战斗过程中对祖国、对民族的深深热爱之情，以及在特定历史背景、特定历史环境下所独有的人性之美。微博是一种基于用户关系实现信息分享、传播，通过关注机制传播简短实时信息的广播式社交媒体平台。微博中的注册用户可以通过多种移动终端接入，以文字、图片、视频等多媒体形式，实现信息的即时分享、传播互动，从而达到目标内容的传播效果。微博具有便捷性、原创性、互动性强等特点，能够实现传播互动、官方宣传等效果，实现更为快速、广泛传播的目的。通过与受众的即时互动，使其价值观、核心内容实现有效的传播，提高传播效率。在电影领域，微博博主的推荐、电影拍摄过程中的相关话题，也能促进该电影的热度节节攀升。微博平台还具有微博热议功能，大众可以热烈讨论电影的内容、分享其观影体验、回顾峥嵘历史，自发成为抗美援朝精神的传播者。

如电影《长津湖》将抖音平台作为其线上传播的一个重要阵地，在抖音平台设立了专业电影用户认证，依据电影背景以及抗美援朝真实的历史影像发布相关视频，并将影片中的精彩片段、感人情节提炼出来，制作成片段传递给社会大众，调动视频用户心中保家卫国的国人热血，使其感受到《长津湖》中所蕴含的抗美援朝精神。同时利用抖音视频碎片化的独有特点，以时间、战役、人物等碎片化的内容还原抗美援朝战争中的关键时刻，使得用户在碎片化内容中了解当年历史真实场景，感受到这段历史中蕴含闪闪发光的精神。在部分短视频中，契合其电影中所包含的主题价值观，还公开了剧组在拍摄过程中的艰辛与努力，向社会传递电影要表达的伟大抗美援朝精神的精神价值体系。在微博平台，《长津湖》电影注册了官方认证用户，实现了用户与官方、主演之间的深入互动，利用演员庞大的粉丝数量，为电影进行造势。在宣传的过程中，除了粉丝之外，还不断寻求创新与突破，强化与其他相关官方媒体的互动以及与其他充满正能量的微博博主的多元互动，实现了更加广泛的、深入的宣传。

第六章　唐山抗震精神的全媒体传播建构

全媒体传播体系的构建有赖于传统媒体与新媒体的深度融合。在唐山抗震精神的传播实践中，主要以报刊、书籍、影视为主，体现了全方位、多角度的传播，内容受到了唐山地震亲历者和援助者的广泛关注。面对唐山抗震精神的整体社会关注度下降、传统媒体与新媒体融合不足等问题，全媒体的出现为唐山抗震精神的传播带来了全新的传播环境，也提供了新的时代机遇。因此，顺应全媒体时代的传播趋势，实现唐山抗震精神传播，全方位地构建唐山抗震精神全媒体传播的现实路径至关重要。

一、唐山抗震精神的传播脉络整理

40多年来，许多学者、专家、作家、记者以唐山大地震为题材，向社会提供了具有重要史料价值、科学价值、文学价值的作品，成为重要的文献资源。在大地震发生后和恢复的过程中，新闻单位第一时间发布相关信息，对大地震的救援情况、新唐山建设情况和优秀的英雄人物事迹展开新闻报道；政府单位、相关研究人员、民间作家在出版单位出版的书籍涵盖了报告文学、诗歌、散文、小说、画册、照片集、口述集等；电影制片厂、影视制作发行单位拍摄、制作了以唐山抗震救灾为主题的纪录片、电影、电视剧等影视作品。这些都直观地展现了唐山大地震抗震救灾的场景，戏剧化地还原了唐山大地震时期的人文风貌，引发唐山大地震的共同关注和集体记忆。

（一）报纸期刊中体现的唐山抗震精神

在新闻报道方面，唐山抗震精神的传播主要依托于《唐山劳动日报》《唐山晚报》《燕赵都市报》等唐山地方报刊。唐山大地震发生后，最早报道的是新华社，对唐山发生大地震的震级、基本情况展开了新闻报道。随后，一些地方电视台也对唐山大地震展开报道，涉及震级、地震情况和救灾情况等内容。为了深入一线了解情况，在地震废墟上架起了有线广播，中央人民广播电台成立了报道组，派出记者到一线参加抗震救灾的报道。在军队参与救援的过程中，各部队宣传部门拍摄了抗震救灾过程中的现场照片，记录了一线救援中的突出人物和感人事迹。在之后每年的7月28日前后，各主流媒体会进行唐山大地震的主题报道和系列报道，如《人民日报》《光明日报》《解放军报》《文汇报》《河北晚报》《唐山劳动日报》《唐山日报》等。在特殊的时间节点，领导人也会来唐山参观慰问，相关报道在国际、国内引起比较大的社会反响。在纪念唐山抗震胜利20周年之际，江泽民来到唐山抗震纪念碑和抗震纪念馆考察；在纪念唐山抗震胜利30周年之际，胡锦涛来到唐山考察，在唐山抗震纪念碑广场参与纪念活动；在纪念唐山抗震胜利40周年之际，习近平总书记来到唐山地震遗址公园参加纪念活动，中央广播电视总台《新闻联播》专门对此进行了报道，官方主流媒体也进行了相关专题报道。新闻报道以其传播广泛、时效性强的特点促进了唐山抗震精神的传承，让唐山抗震精神以新闻的形式活跃在人民心间。

在报纸文献中，与唐山大地震、唐山抗震精神有关的中文报纸7855篇，涉及新闻报道、历史回忆、纪念活动、知识科普、社会问题等多个领域。在期刊文献中，与唐山大地震、唐山抗震精神有关的中文期刊论文589篇，涉及理论研究、新闻传媒、文化传播、思政教育等多个领域。其中在唐山抗震精神的理论研究方面，具有代表性的有李贵、宗玉田在《国际地震动态》发表的《唐山抗震精神的形成和历史意义》，王子平、王晓田在《防灾博览》发表的《唐山抗震精神的时代内涵》，杨德山在《人民论坛》发表的《汶川与唐山抗震精神的比较》，王士立在《唐山学院学报》发表的《再论唐山抗震精神及其传承价值》，何新生等人在《华北理工大学学报》（社会科学版）发表的《唐山抗震精神的文化解读》，杨立元等人在《红旗文稿》上发表的《唐山抗震精神是中华民族精神的重要体现》等，为唐山抗震精神的深入研究奠定了基础。

（二）书籍文献中体现的唐山抗震精神

在书籍文献方面，以唐山大地震、唐山抗震精神为题材的小说、诗歌、报告文学、纪实文学、文学评论、散文、诗集、画册、口述作品等形态丰富。囊括了科学技术、社会科学、文学作品、通讯报导、美术书法等多个方面，涉及地震震害、抗震救灾、恢复生产、重建家园、科学研究等诸多内容，全面地记载了唐山大地震事件及其造成的危害和抗震救灾、恢复生产、重建家园的全过程，具有极大的文学价值、史料价值和科研价值。

据程才实统计，自1976年以来，公开出版的以研究地震灾害，描写和宣传唐山抗震救灾、恢复生产、重建家园为内容的书籍文献迄今已达215种。其中，社科著作45部、科技著作35部、文学著作85部、通讯集26部、其他书籍24部。如在科技类书籍中，有《唐山地震抗震调查总结资料选编》《唐山地震前兆》《唐山地震震害调查初步总结》《地基基础震害调查与抗震分析》《唐山地震》《唐山地震目录》等。在社科类书籍中，有《瞬间与十年——唐山地震始末》《地震文化与社会发展——新唐山崛起给人们的启示》《地震社会学初探》《唐山地震灾区社会恢复与社会发展问题研究》《唐山震后重建的哲学思考》《唐山大地震后的开滦》《新唐山崛起之魂》《上海救援唐山大地震·口述实录卷》等。在文学类书籍中，有《唐山大地震》《劫难》《死于青春》《废墟——女记者与大地震》《唐山绝恋》《唐山涅槃》《唐山来的报告》《唐山，唐山！》《唐山警示录——“七·二八”大地震漏报始末》《新唐山，三十而立》《唐山大地震往事》等。

其中，河北人民出版社出版的通讯集《抗震救灾英雄谱》仅在唐山大地震后1个月就出版了，是最早出版的反映唐山抗震救灾的书籍作品，影响较大。1976年人民出版社出版了通讯集《英雄的人民不可战胜》，1977年人民文学出版社出版了诗集《震不倒的红旗》，都极具时代特色，是反映唐山大地震主题的早期作品。1986年4月，解放军文艺出版社出版了钱钢的报告文学作品《唐山大地震》，获得1986年全国优秀报告文学奖、1986年全国十大畅销书奖、1987年金钥匙奖，对于唐山大地震文学的影响意义深远。1986年7月，地震出版社出版了王子平主编的《瞬间与十年——唐山地震始末》地震篇、救灾篇、重建篇，内容严谨翔实，是唐山大地震社科著作领域的代表作品。除此之外，还有很多内部作品和未出版的作品，如唐山市文联组织编写的《震中一日》，真实记录了地震的景象和经历。2016年，以口述为基础，从普通个人角度反映唐山大地震的作品《唐山大地震往事》在社会上反响强烈。

虽然书籍文献整体十分丰富，但其中以抗震精神为题目的作品较少，理论研究尚为空白。从现有出版文献来看，丰富的图书资料将唐山抗震历史用文字的形式较完整地保存了下来，唐山抗震精神蕴含在史实、人物、故事等内容之中，是多年来传播唐山抗震精神的重要内容。

（三）广播影视作品中体现的唐山抗震精神

在广播作品方面，最典型的就是在中央人民广播电台播出的广播剧——墨微的唐山地震生活“三部曲”，包括了《三个人的月亮》《唐山孤儿的故事》《天堂之梦》三个故事，真实地表现了唐山人民在地震和重建这一历史阶段的生活历程和心路历程。在纪录片作品方面，1976年，中国人民解放军八一电影制片厂拍摄唐山大地震纪录片《军民团结抗震灾》，展现了十万解放军奔赴灾区抗震救灾，结下军民鱼水情的动人情景。除此之外还有《英雄战震灾》，以现场影像展现了唐山大地震后的真实场景，真实、客观地将大地震后和抗震救灾中的唐山保留下来。1986年，中央新闻纪录电影制片厂出品了《一瞬与十年》，展现了唐山人民经历了抗争、重建、图强、崛起的过程和震后10年的新唐山景象，献礼唐山抗震胜利10周年。该纪录片在1987年获得第7届中国电影金鸡奖最佳纪录片。2006年，上海电视台纪实频道制作了10集纪录片《唐山大地震》，在全国范围内征集当年大地震的亲历者，采访拍摄了120多位亲历者，全方位、多侧面地重现了唐山大地震的历史。通过平凡人的真实回忆全景式地再现了唐山人民在灾难面前顽强不屈的精神和困境中人与人之间的善良真情。除此之外，2012年播出的以亲历者讲述真实故事为主的《唐山大地震亲历记》、中央电视台科教频道的《探索发现》节目的唐山城市记忆系列《唐山记忆》等也有对唐山大地震和唐山抗震精神内容的展现。

在电视作品方面，励志灾难电视剧《唐山绝恋》改编自关仁山、王家惠的同名长篇小说《唐山绝恋》，由高立执导，李雪健、黄海波、贾一平等主演，在唐山丰南取景，2006年在广州电视台首次播出。该电视剧以唐山大地震为背景，通过震前、震中、震后三个不同阶段，讲述主人公唐山市市长面临灾难，在失去女儿的情况下依然坚守岗位，积极救治伤员，护送孤儿去外地生活的感人故事，是最早的反映唐山大地震的电视剧。

2013年，电视剧版《唐山大地震》播出，改编自华裔女作家张翎的中篇小说《余震》，由姚晓峰执导，华谊兄弟总裁王中磊担任总监制。该剧集结了陈小艺、张国立、张涵予、许亚军等老戏骨及佟丽娅、袁文康、朱铁等青年演员，讲述了一对在地震中被分开的母女，32年后意外重逢的故事。2018年，湖南卫视金鹰独播剧场播出《那座城，这家人》，该剧改编自李焱的小说《平安扣》，由邵警辉执导，马元、童蕾、萨日娜、李建义主演，讲述了大地震之后，一个由七个姓组成的九口之家，相互扶持、摆脱困境、重建家园的故事。

在电影作品方面，1979年，上海电影制片厂摄制的电影《蓝光闪过之后》上映，是最早反映唐山大地震的影片。该片以唐山大地震为背景，讲述了地震发生后人民团结一心、抗震救灾的故事。在灾难中失去亲人的干部邢惠明，克服个人痛苦，和庄医生以及采购员石新、王伟老师等一起建立育红小学，帮助孤儿们渡过难关。电影中除了还原了真实地震灾害，还插入了许多震后的真实影像资料，代入感极强。这部影片还获得了第三届中国电影百花奖最佳美工奖。2010年，由冯小刚导演的电影版《唐山大地震》上映，与电视剧版《唐山大地震》一样根据张翎的小说《余震》改编。电影在唐山取景拍摄，中央电视台《新闻联播》称这部影片展现了灾难中“生命可贵，自强不息”的精神。2019年，由陈静执导，曹卫宇、张晞临、石文中、马浩博领衔主演的灾难片《大地震》在爱奇艺平台播放，讲述了在唐山大地震中，矿工们同心协力成功从矿下逃生的故事。影片根据矿工绝境自救的真实故事改编，展现了生命奇迹，讴歌了大地震中无数平凡却勇敢的英雄。

（四）其他作品中体现的唐山抗震精神

唐山大地震后，在恢复生产建设的过程中，企业、学校等也对大地震中的重点事件、重点人物进行宣传，成为重要的内部宣传平台。如各单位的文艺宣传队在文艺会演中，自己人演自己的事，把突出事迹和英雄人物的故事展现出来。各大厂矿、企业开办的内部资料如抗震简报、宣传简报等也会实时报道恢复生产情况，宣传恢复生产中的突出人物和重大事件。同时，企业还会开办内部的文学刊物，鼓励员工在抗震复产、恢复建设的过程中挖掘素材，提炼出自己的单位精神并加以弘扬。员工迸发出极大的文学热情进行文学创作，展现出单位独有的抗震精神和气概。伴随着地震后的工业复工复产和城市重建，记录新唐山崛起的摄影作品也为抗震精神的传播提供了丰富的照片材料。比较典型的有常青、李耀东、成贵民等摄影家，用镜头讲述唐山地震故事，弘扬唐山地震文化，传播唐山抗震精神。为了纪念唐山抗震胜利20周年，由唐山词作家郝立轩作词，关键、倪力作曲，著名京剧表演艺术家孟广禄、王桂荣联袂出演的京剧交响大合唱《唐山人站起来》成功演出，讴歌了伟大的唐山抗震精神，集中展示了唐山人民崭新的精神风貌，展现出唐山人民取得的辉煌成就。除此之外，以唐山大地震、唐山抗震精神为主题的书法作品、绘画作品也十分突出。

虽然“公而忘私、患难与共、百折不挠、勇往直前”的唐山抗震精神在1996年纪念唐山抗震胜利20周年时才正式归纳提出，但是在早期的报刊、书籍、纪录片等宣传内容中已经获得了淋漓尽致的体现。唐山抗震精神早已凝聚在每一个唐山人的亲身经历中，每一个英雄人物的新闻报道里，每一个家庭的恢复生活的努力中，每一个企业恢复建设的实践过程中。可以说，每一部作品都为唐山抗震精神的传播起到了重要的推动作用。

二、唐山抗震精神传播中的特点分析

（一）以新闻、文学、影视、艺术为主，体现了全方位、多角度传播

经过40余年的沉淀，唐山抗震精神传播实现了出版影视的全面覆盖，利用新闻、图书、报纸、期刊、电影、电视剧、纪录片、歌曲等多种媒介，建构并传播了唐山抗震精神和新唐山人文精神，完成了集新闻性、历史性、文学性、理论性于一体的唐山抗震精神的传播。正是在全方位、多角度传播的过程中，积累了丰富的图片、视频、文字资源，为唐山抗震精神的全媒体传播奠定了坚实的基础。

以图书出版领域为例，从图书的传播形态来看，在传播早期，主要以消息报道、通讯集、诗歌作品为主，随后形式逐渐丰富，融入了报告文学、散文、小说、画册、照片集等形式。近10年，回忆录、口述集又逐渐丰富起来。从时间脉络整理与“唐山抗震精神”相关的著作，比较典型的作品有抗震胜利10年前后出版的通讯集《激情浓墨话十年》，画册《唐山新貌》《唐山赋》等；抗震胜利20年前后出版的从《人民日报》《光明日报》等数十家新闻单位组织采写的新闻作品中精选出的《唐山，共和国的骄傲》、王子平主编的《地震文化与社会发展》等；抗震胜利30年前后出版的《新唐山，三十而立》、论文集《新唐山崛起之魂》等；抗震胜利40年前后出版的《唐山·40抒怀》《在废墟上崛起》《唐山大地震往事》等。

从图书的传播主体来看，既有在党委、政府宣传部门引导下体现主流性、权威性、方向性的作品，如中央文明办协调组编写的《抗震精神铸文明》，唐山市委宣传部编写的《新唐山崛起之魂》《唐山·40抒怀》《中国人民解放军唐山抗震救灾英雄事迹》等，唐山市政协编写的《唐山大地震百人亲历记》《纪念唐山抗震20周年美术书法作品集》等，河北省政协文史资料委员会编写的《唐山抗震救灾纪实》，唐山市委党史研究所编写的《新唐山40年》及河北省地震局、天津市抗震办公室、唐山市建设委员会、唐山市防震减灾局、唐山市城市建设局编写的相关书籍。又有民间作家、研究学者等社会各界人士基于研究和需求出发进行的创作和研究，如钱钢的报告文学

《唐山大地震》以作者当年参加抗震救灾全过程的亲身经历，讲述与唐山大地震有关的人情世故，影响很大；王素女倡导并组织编写的《唐山大地震往事》丛书，共9册15章节，用广大普通地震亲历者的平凡的真实故事记录和反映唐山大地震鲜活的史实和伟大的唐山抗震精神；陕西科技大学档案馆编著的《唐山大地震：西北轻工业学院1976年陶瓷实习队记忆》，讲述了1976年唐山大地震中西北轻工业学院唐山实习师生经历的灾难等。

正是在多种媒介的全方位、多角度传播加持下，丰富的传播内容将英雄的唐山人民对唐山大地震的深刻记忆，对待生命的意义和价值，对美好生活的感恩和追求展现出来。作为一种特定历史时期的灾难主题，以唐山大地震和唐山抗震精神为内容的传播作品展现了英雄的唐山人民战胜灾难、重建家园、营造和谐社会、逐步完善自我的伟大精神。

（二）内容强调真实性，追求对历史的尊重和对人物的致敬

由于唐山大地震题材的特殊性，客观上要求它的传播作品必须以唐山大地震的真实情况为素材。在之前的作品中，深刻地体现了对内容的真实性表达。内容要真实，既要符合历史真相的还原，又要满足真实场景的表述，如真实展现生活中的平凡人物的生活场景、真实反映1976年前后的年代精神风貌、真实记录唐山大地震的情景和个人经历等。整体来看，早期的传播作品更多突出了时效性和真实性，而后期的传播作品则是真实性、文学性和历史性、哲理性的高度统一。

具体来看，由于新闻报道、纪实文学、报告文学、纪录片、口述作品等属于非虚构文学范畴，均是在事实基础上进行的整理和创作，以真实故事为基础，融入文学性的表达，对真实的体现自然就建立在文学特点之上。大量的报告文学、纪实文学等大大强化了传播作品的真实性，如《唐山四十年：从悲壮走向辉煌》《四十人，四十年》真实记述了震后新唐山的建设全过程；程才实的《废墟上拓荒的学者》以个人的视角展现了唐山大地震后的物质重建与精神重建。社科类书籍中王子平主编的《瞬间与十年——唐山地震始末》真实地记述了唐山地震、抗震救灾和重建家园这一历史过程。书中引用的材料主要来自历史档案，编写者自身的所见所闻所感亦在书中有所反映。唐山大地震文献暨口述史研究中心编著的《唐山大地震救援口述》均是以真实人物的口述内容为基础进行整理的，有音频、视频、照片等资料的相互证实，可以说是真实文献、真实经历、真实人物的真实记录。

尽管小说、广播剧、影视剧、电影等，本身可以有虚构的元素，但以唐山大地震为主题的创作却力求真实反映历史、重现历史，很少虚构。不论是对整体唐山大地震的宏观描述，还是对个体遭遇的详细表达，均有事实作支撑。如长篇小说《凤凰劫》《唐山绝恋》，虽然均为小说题材，但从整体来看均以全景的视角真实地再现了唐山大地震的悲壮过程和抗震救灾的英雄历程，历史时间、事态发展、情节处理均尊重事实，符合历史真相。很多作品虽以一个虚构的普通人的视角切入，赋予其虚构的职业、虚构的家庭、虚构的经历，但这个虚构的个体背后往往有真实人物和故事的支撑，有时是以一个人的形象为基础，有时是几个人物故事的结合，故事情节也使用的是大地震亲历者的真实材料或真实遭遇。如电影《大地震》就根据唐山大地震真实事件改编，还原了开滦煤矿万人生还的奇迹故事。电影中矿工们凭借工作的积累、冷静的头脑、科学的安排、井然的秩序，在余震中自救互救，在黑暗中摸索互助的情节就源于地震后15天，王树礼等5名矿工在没有任何食物的情况下获救的生命奇迹。

多年来，以唐山大地震和唐山抗震精神为主题的内容传播坚守真实底线，拒绝虚假和失真。内容使用有出处、有根源，人物塑造有原型、能支撑，符合历史情景和环境，在边界范围内进行创作。不夸大其词、恶意篡改，即便是虚构也明确注明，是真实的历史记录和生命回忆。

（三）地震亲历者和援助者最为关注，整体关注度呈下降趋势

近些年，从传播的作品数量和传播热度来看，以唐山大地震和唐山抗震精神为主题的内容传播呈现逐渐下降的趋势。1976年唐山大地震发生后和10年恢复重建期是这个主题宣传最为集中的时期。特别是改革开放以后，不管是作为抗震救灾、灾后重建内容的新闻报道，还是人们自发地对先进人物和事迹进行宣传，与唐山大地震主题的相关宣传十分丰富。如在抗震救灾时期，人民的自救互救经历、解放军医疗队的大力支援、

单位的抢险救灾工作；在恢复生产重建家园时期的复产复工、企业恢复、城市规划、新城建设等都体现了相关内容。1984年7月，《唐山劳动日报》刊登的《贯彻胡耀邦同志指示，加快唐山恢复建设步伐》《紧急动员起来，加快新唐山建设》等文章中都出现了“公而忘私、先人后己、患难与共、同舟共济”的字眼，虽然这个时期没有明确提出“抗震精神”的内容，但已经对唐山抗震精神的宣传有了初步的探索。

从1986年到1996年，虽然相关的事件宣传和新闻报道相较震后10年少了一些，但在相关的会议、新闻报道、出版文献的字里行间，在家庭的言传身教之中，仍然体现着对唐山大地震的回忆，对唐山恢复建设的奋斗，对美好新生活的憧憬。在这个时期，传播的内容在原有的唐山大地震救援和新唐山建设报道上有了偏向于精神层面的内容，充分体现了这个时期对抗震精神的思想政治工作的加强。如纪念唐山抗震胜利10周年纪念日的汇报中有这样的表述：“在抗震救灾、恢复生产、重建家园的艰苦岁月里，全市人民经受了一场生与死、苦与乐、公与私的严峻考验，锤炼铸成了一种‘公而忘私、先人后己、同舟共济、患难与共、百折不挠、勇往直前’的抗震精神。”

1996年，时任中共中央总书记江泽民为唐山题词：“弘扬公而忘私、患难与共、百折不挠、勇往直前的抗震精神，把新唐山建设得更繁荣更美好。”4个词16个字明确了唐山抗震精神的表述，为传播唐山抗震精神提供了明确的内容和方向。当年7月10日至18日，《河北日报》分别以《公而忘私》《患难与共》《百折不挠》《勇往直前》《强大的精神动力》为题，就学习这一题词发表社论。题词还引发了社会的广泛关注，形成了重温地震记忆、传播唐山抗震精神的宣传热潮，后来题词还被谱曲传唱，在唐山家喻户晓。

然而，随着时间的流逝，特别是在唐山抗震胜利30年后，以唐山大地震和唐山抗震精神为主题的传播内容逐渐减少，关注度也逐渐降低。在拍摄电影《唐山大地震》期间，由于影片基本是在唐山拍摄完成的，曾向唐山人民征集地震时期老家具、老物件等，引发过一个影视传播的小高潮。其余与唐山抗震精神有关的宣传大都集中在每年“7·28”前后这一特殊时间节点，以系列报道的形式呈现，如与唐山大地震相关的人物介绍、外出采访等，偏重集体记忆和个体回忆，涉及地震亲历、家庭变迁、情感变化等内容。随着亲历者的逐渐老去甚至离世，关注唐山大地震的人也越来越少，特别是没有经历过唐山大地震的中年、青少年的关注度比较低，也造成了整体社会关注度的逐渐下降。

2016年，中共中央总书记习近平来到唐山，习总书记在讲话中把唐山抗震精神升华到中华民族精神的高度，是对唐山抗震精神的高度评价。在获得了习总书记的高度赞誉后，社会引发了学习、研究、传播、弘扬唐山抗震精神的热潮。相关新闻报道、评论文章、研究成果不断涌现，权威的如《光明日报》《唐山劳动日报》等党报党刊，中国共产党新闻网、中国青年网、澎湃新闻等新媒体平台均进行了报道或转载。

（四）传播渠道越发多元，传统媒体与新媒体逐步融合

新媒体是新技术支撑体系下出现的媒体形态。随着新兴媒体与传统媒体相互融合，“手机报”“电子报”“快手”“知乎”等新事物不断涌现，推动了信息的多元化发展。新媒体速度快、成本低、传播广的特点也为唐山抗震精神的传播带来了新机遇。一直以来，在唐山大地震这一主题背景下，唐山抗震精神文化资源的挖掘和宣传更倾向于较为保守的方式，缺乏创新意识。唐山抗震精神的宣传方式和报道内容比较单一，缺少新意。在相关视频软件上进行搜索发现，作品数量较少，且内容差别不大，大多是以“讲故事”和“旅游攻略”的形式制作，缺乏内在吸引力，很难引起受众的注意，想要让受众进行深入了解和研究更是难上加难。

目前，传播唐山抗震精神的新媒体平台既有中央官方的媒体平台，也有地方历史爱好者的个人账号，更多的是唐山地方的官方媒体平台，如新闻类App“唐山plus”，微信公众号“唐山劳动日报”“网信唐山”“唐山青年”等。特别在每年的“7·28”前后，以唐山大地震的历史回忆和新唐山的建设与崛起相关的内容十分丰富，如用地震时拍摄的老照片和震后早期纪录片记录的场景对比新唐山的建设历史、当下产业发展情况和美丽城市景象等，展现了唐山地震后从悲壮走向辉煌的历程。如在唐山抗震胜利40周年时，《人民日报》进行了《唐山四十年》的重磅报道，人民日报社官方微信发表了《铭记！唐山大地震40年，听14位亲历者催泪讲述……》，很多商业新

媒体也进行转发。除此之外，也有一些与其他主题相关联的内容，如和灾难主题内容结合展现科普教育意义，和军队主题结合赞美解放军的全力救援和军民鱼水深情，和救援唐山的城市联系结合讴歌全国人民对唐山的大力支援等，都充分展现了唐山城市本色，弘扬了唐山抗震精神。中恒文化传媒有限公司将其编写的《唐山大地震往事》丛书制作成有声阅读资源，由专业朗读者将书中的内容声情并茂地读出来，在社会上引起较大反响，也实现了传统媒体与新媒体融合传播的创新。

具体来看，在音频分享平台喜马拉雅上，目前尚未有与唐山抗震精神主题相关的作品，其他音频平台与唐山大地震主题相关的也非常少，主要是传统纸质出版物的音频朗读，点击量较高的有报告文学《唐山大地震》和小说《余震》的音频内容。在视频网站爱奇艺、优酷、腾讯上，主要是相关的影视作品和纪录片的资源，同时还有在影视作品基础上二次制作的短视频，但纪录片资源并不全面。在视频弹幕网站哔哩哔哩上，内容较为丰富。包括了大量的与唐山大地震主题有关的影视片段、纪录片和网友们制作的视频。特别是抗震早期的纪录片，如1976年的《英雄抗震灾》等，十分珍贵。自制视频内容涉及唐山大地震的真实场景和救援、地震中的唐山与新唐山对比、震后新唐山宣传片、抗震纪念胜利纪念活动、影视片段和纪录片片段剪辑等内容，如“国防时报TV”发表的“【国防记忆】45年前，他们日夜兼程、挺进唐山”等。在短视频平台抖音、快手上，包含了官方媒体和网友自发传播的有关历史记忆、城市变迁、美丽新唐山的短视频，也包括了唐山抗震纪念碑、唐山抗震纪念馆、唐山地震遗址公园的游览视频。

总体来说，以唐山抗震精神为主题的内容在新媒体渠道已经实现了一定程度的积累，其内容与传统媒体融合起来，促进了唐山抗震精神的传播、传承与发展。虽然内容数量整体有限，社会关注度也并不突出，但是一些出圈的好作品为未来唐山抗震精神的新媒体传播提供了明确的方向。如哔哩哔哩网站播放最多的“记得英雄”讲述的送信第一人李玉林的视频，播放量高达87.8万，其中6.8万人点赞、1万人收藏、833人转发，并获得1.1万的投币支持；党史博采在微信公众号发表的曾文友的文章《毛泽东为唐山抗震救灾圈阅的几份重要文件》《10名书记、常委震亡，唐山大地震后的地市委，被誉为震不倒的旗帜》《唐山大地震期间的毛泽东》累计阅读量达6万余次，获得网友的踊跃点赞和收藏。其中为《10名书记、常委震亡，唐山大地震后的地市委，被誉为震不倒的旗帜》配以音频和视频，在网络上引发人民热议。

三、唐山抗震精神的全媒体传播建构

全媒体时代，弘扬和传承唐山抗震精神，是一项系统的整体性工作。虽然唐山抗震精神的传播取得了一定成效，但主要局限在新闻报道、图书出版、纪念旅游等传统传播模式上，内容少有创新，表达形式单一，还有很大的提升空间。面对信息资讯的飞速增长和传播手段的多元变化，唐山抗震精神的传承工作也要顺应全媒体时代发展趋势。在各种媒介融合发展的过程中，要立足于全媒体传播规律、传播现状和时代趋势，全面阐释唐山抗震精神所蕴含的主要内容、宝贵思想，充分借助全媒体发展红利，科学有序地推进唐山抗震精神的传播与传承。

（一）坚持内容为王，优化唐山抗震精神的传播内容建设

内容是唐山抗震精神传播过程中的关键。“公而忘私、患难与共、百折不挠、勇往直前”是对唐山大地震救援、复产、重建过程中充满正能量的高度概括，传播内容不仅包括唐山大地震的真实场景、拼搏奋进的唐山人民、真实的灾后救援事迹、慷慨激昂的援助故事、城市发展的历史脉络，同时也蕴含了依托唐山抗震精神对人与自然的关系、人与人的关系、人类生存的意义等极具深度的内容指向。正是在与大地震抗争的过程中，英勇的唐山表现出了一种超常的大爱精神，并转化为了现实生活中的强大精神动力。

1. 坚守传播内容的真实性，呈现内容符合实际

内容的真实性是唐山抗震精神传播过程中要坚守的底线。百年工业城市唐山在一瞬间被大地震摧毁，面对这样的大劫难，唐山人民没有怨天尤人，来不及擦去泪水，马上投入救援、复产与重建中，靠着相濡以沫、奋勇拼搏，重新建起新唐山。这样艰难历程的奋斗内容，反映出英雄的唐山人民的韧性，折射出唐山城市的城市精神，是历史的真实写照。因此，坚守真实内容是唐山抗震精神内容传播的底线，体现了对历史

的充分尊重，对唐山人民的充分尊重。然而，在内容创作与流量、资本结合的现实背景下，“热点”“热门”“爆款”“头条”备受关注，由此引发的人物偏离、内容偏差等问题日益凸显。这就对唐山抗震精神的内容创作者提出了更高的要求，必须用端正的创作理念和有责任感的创作态度进行内容创作。背景塑造符合实际，历史陈述有理有据，引用文献标明出处，潜心打磨创作内容。

进行真实的内容创作需要以真实的资料来源为基础。目前，真实的资料来源主要有三种途径。一是存放在档案馆的官方档案资料，二是相关研究机构收集整理的相关资料和研究成果，三是民间个人珍藏的历史资料。官方档案资料包括图书馆、档案馆、地震局保存的相关资料，包括各地在唐山大地震后对唐山的支援与救助情况，特别是河北省档案馆、唐山市档案馆、开滦档案馆等，相关资料较为丰富，甚至形成专题档案。内容包括了地震情况记录、地震检测工作、抗震救灾、伤员安置、重建家园、恢复生产的指示和汇报文件以及唐山抗震救灾斗争中的好人好事材料等。研究机构的资料主要指高校、科研院所等在科学研究需要的基础上建立起来的资料中心和研究平台，如唐山师范学院建立的“唐山大地震文献暨口述史研究中心”和“唐山大地震文化研究中心”，主要资料内容是口述采访过程中的音频、视频、文字、照片等相关基础资料。在此基础上，充分发挥科研优势，深入挖掘史料的作用和价值，形成了有代表性的研究成果。民间收藏的资料内容十分广泛，包括私人珍藏多年的原始公文、票据、往来信件、地震纪念册、老照片等。主要以个人经历为基础，如与外地救命恩人的多年往来书信，多年后拜访相见的照片等，充分展现了在地震救援与援建中全国人民支援唐山的深深情谊和唐山人民的感恩之情。这些真实的资料和内容都是全媒体时代唐山抗震精神内容创作的重要来源和基础。

可以说，保障传播内容的真实性与完整性，是唐山抗震精神传播中保持其说服力、维护其吸引力的关键。重点内容专家把关，保证在学术上站稳；所有史料均有出处，保证具有专业权威性，经得起推敲。在唐山抗震精神的全媒体内容真实性表达过程中，需要从内容抢救、资料整理、内容挖掘三方面做好内容建设工作。一是要进行真实资料的抢救。科研单位相关工作人员需要对与唐山大地震相关的历史史料进行抢救性收集，如开展唐山大地震民间资料征集活动、走访重点单位展开抗震救灾回忆活动等。通过地震亲历者的讲述和记录，记录一代人的奋斗历程，把普通人真实的故事保留下来，传承下去。抓住典型人物、重点故事、重大事件，展开条线梳理，利用自身平台优势，对相关内容进行比较和整合，并进行进一步挖掘和深入研究。二是要对文献资料进行系统的梳理。图书馆、档案馆的相关工作人员需要对馆藏的历史史料进行系统梳理和抢救性整理，按照时间脉络，完善唐山大地震档案资料专题模块的建设。充分发挥官方机构的权威性优势，利用官网网站、官方公众号等平台发布“唐山大地震”档案专题，还原真实的时代背景，讲述史料支撑下的故事和内容，激发大众对唐山大地震史实的关注和了解。三是要加强各单位的沟通与合作，做好真实内容的深度挖掘。在进行内容创作的过程中，需要相关单位联合起来，充分发挥各方优势，实现资源互补，进行守真写实的创作。强化深化研究内容，全方面地进行内容展示，构建饱满的人物和故事支撑。如策划唐山抗震英雄人物李玉林的故事内容，利用档案馆史料文献中对人物的相关记载予以切入，以李玉林生前的影像资料强化对人物的了解，以科研机构的相关研究为基础进行人物深入解读，以李玉林家人的回忆和思考引发同龄者共鸣，从各个角度真实、全面地介绍李玉林的英雄事迹。通过各方合作建设真实、全面的内容，让无数后代知道英雄前辈们经历了什么灾难，如何在艰苦的情况下生存下来，创造了怎样的人间奇迹。

2. 用新技术重塑优质传统内容，创新内容输出

在传统的唐山抗震精神传播过程中，主要依靠文字化、图片化的传播方式实现唐山抗震精神的传递。多年以来，唐山大地震积累了丰富的书籍、照片等作品，充分融入了传统纸媒、广电影视、户外媒介、纪念场馆，受到了人民群众的认可和好评，也为唐山抗震精神的全媒体传播提供了坚实的内容基础。进入数字化时代以后，数字化的传播环境为网络用户提供了不同形式的视频内容，带来了丰富的内容体验。因此，用新技术重塑优质传统内容，实现媒介的融合及内容的迭代创新，进一步深挖资源丰富传播内容，构建以唐山抗震精神为主题的多维

作品，不仅使唐山抗震精神跃然于大众传播广泛的媒介之上，还使其以超越语言、文字的形式得以展现，对全媒体时代唐山抗震精神的弘扬和发展起到了重要的推动作用。

在全媒体时代，媒介的融合发展形成于传播传媒领域新技术之中。云计算、人工智能等技术的快速发展，改变了传播的组织形式与管理方式，侵蚀了传播的传统界限，使得传播学对技术的迭代与更新非常敏感。与此同时，以算法技术为代表的新技术对传播内容进行了重组，并对传统的传播模式和价值观造成了冲击。5G、VR、AR等新技术为唐山抗震精神的传播提供了巨大的发展空间，形成了大量的高效易用的融媒体成果，包括高清直播平台、立体影像、图文—视频媒体中心等。在新技术成果的引领下，传统凸显唐山抗震精神的文化内容也迎来了重塑机遇。唐山抗震精神传统内容的最大优势是文字丰富翔实、照片直观有历史感，整体来说内容严谨细致，这为媒介融合下生产好的视频内容提供了基本保障和核心竞争力。不同传播主体应以全媒体为载体，利用优质传统内容，创作出凸显唐山抗震精神及其时代价值的文化内容精品。具体来说，可以体现在两个方面。

一是对彰显唐山抗震精神的传统纸质文献进行内容数字化传播。书籍、报纸、杂志、文章、资料、信件等历史文献蕴含着对历史的真实记录，不仅具有时间的脉络，而且题材多样、内容丰富，是唐山抗震精神的重要文化载体。对弘扬唐山抗震精神的相关纸质文献史料进行数字化传播，不仅可以突破传统纸媒的媒介束缚，让传播更加全面、方便、快捷；而且可以进行二次内容创作，将传统内容进行提炼、加工，制作出符合时代精神、迎合大众需求的音频和视频作品；还可以运用大数据等技术，分析受众群体的爱好偏向及话题热点，及时推送相关作品，如建立唐山大地震史料网站数据库，进行重要文字作品的音频内容制作等。除此之外，还可以依托纸质作品进行同主题数字内容的开发，提高唐山抗震精神传播内容的张力，如从唐山大地震纸质作品中选出具有代表性的唐山抗震英雄人物和事迹，通过专业演员的演绎拍摄成短视频或微电影，投放在快手、抖音、哔哩哔哩等视频平台上，将历史长河中的感人故事进行再现，唤醒亲历者的家国记忆，提升唐山抗震精神传播的影响力和渗透力。还可以选取原唐山市工人文化宫（现唐山博物馆）作为基点，以其唐山大地震47年以来的某一视角的照片变化进行对比和解说，结合《在废墟上崛起》一书的内容，制作在废墟上崛起新唐山的系列短视频。不同思路下，将地点线、时间线、人物线、故事线等不同线索和已有资料进行整合，可制作系列短视频内容，从而使得传统传播唐山抗震精神的文字载体观看得到、聆听得到、感受得到。

二是打造传统文物场馆的数字化体验。唐山抗震精神蕴藏在唐山地震博物馆、唐山抗震纪念馆、地震遗物和遗址等承载物中，对推动唐山抗震精神传播有着不可替代的作用。依托场馆，相关地震场馆和遗址可以充分运用VR（虚拟现实技术）、AR（增强现实技术）等多维立体增强现实技术，打破原有的讲解参观式传播格局，借助数字展示墙等设备强化体验，建立唐山大地震文化数字馆，提升唐山抗震精神的传播效果。借助信息技术传播手段，突破传统博物馆的物理界限，逼真地展示震前老唐山、大地震之时、解放军大救援、震区遗迹等互动场景，多感官、全方位地促进场景的生动呈现。如依托《亲历开滦》《唐山大地震后的开滦》等相关文献，策划“开滦井下大撤离”体验，通过“实景演绎+虚拟场景+体感互动”的形式，运用AR、裸眼3D等技术，在地震博物馆推出人物虚拟形象和故事虚拟场景，并结合唐山大地震时井下的实际情况搭建实物场景，虚实交叉，感受地震时井下的真实情况和井下大撤离的惊险过程，增强唐山抗震精神传播的互动性及体验性。同时将历史文献中的真实人物、真实故事还原，直观地感受英雄人物和英雄事迹，并在体验中领悟唐山抗震精神，提升唐山抗震精神文化的传播效果。依托电脑或手机App，运用图像化、动态化的媒体传播技术，构建网络唐山大地震文化展示馆，实现足不出户游览地震博物馆。

除此之外，还可以在特殊纪念日对地震遗址公园、抗震纪念碑等唐山大地震地标性建筑进行实景直播，与其他省市地震博物馆、地震局等开展联动直播活动，运用多元化的技术方式对唐山抗震精神内容进行整合与规划。在全媒体传播环境下，利用新技术对唐山抗震精神的内容进行重新塑造，以新颖多样的内容形式讲好唐山大地震故事，传播好唐山抗震精神。

3. 紧扣时代脉搏，打造唐山抗震精神传播的核心优势内容

好的传播内容是实现唐山抗震精神全媒体优质传播的核心。提高传播内容的质量，形成内容上的核心优势，对提高唐山抗震精神传播的影响力意义重大。整体来说，传播内容主要集中在传统渠道，新媒体渠道的内容十分匮乏。从传统的与唐山大地震、唐山抗震精神相关的新闻、书籍、影视三大主要作品的内容研究中不难发现，内容中溯源性作品和文化内容精品少，突出人物、典型故事的记录内容较多且有重复现象。有的作品内容安排大同小异，甚至部分内容存在着雷同。对唐山抗震精神的深度阐述和理论研究较少，内容传播缺少新颖的切入角度予以表达，缺乏新鲜的事例和材料进行支撑。虽然唐山抗震纪念馆、唐山抗震纪念碑、地震遗址公园等新闻时有出现，但创新意识较弱，内容的独特性未能展现。因此，在全媒体背景下，创作以全媒体为载体，凸显中华民族精神和时代价值的唐山抗震精神文化精品显得尤为重要。

在传统的宣传内容中发现新视角，融入新创意，专注富有唐山抗震精神特色的宣传内容。在传播唐山抗震精神的过程中，以精神为主题的内容很少，相关的传播内容也没有形成系列化、专业性的内容，大多成为城市精神、发展动力的点缀，容易随新闻逐流，缺少自身的内容特色。然而，在全媒体时代，受众已经不能满足于传统静态的图像文字内容视频化，而是需要多元的、有创意的作品。从突出的传播优秀案例中可以看出，唐山抗震精神不是没有关注度，而是没有以全新的视

角、创意的内容、合适的机会展现给大众。充分发挥新媒体的内容优势，打造出极具特色的文化作品，用饱满的人物、有力量的故事、强大的互动性，进行全面、深入、有思想的视频内容制作，至关重要。

如策划唐山抗震精神人物系列内容“1976年‘7·28’，100人的24小时”，对100位典型人物的真实经历进行深度挖掘，以唐山大地震后某个24小时的真实经历进行内容制作。融合微话剧、微电影，充分结合新媒体思维，进行内容创新、互动设计，让传播内容更加贴近受众，综合提升内容的传播力和感染力。对于唐山大地震的普通亲历者，可以制作回忆节目，用个体亲历的故事引起共鸣。通过个体经历映射出抗震救灾和恢复重建的全过程，用细微的亲身经历将唐山抗震精神的内容传播变得更丰满、有血肉，在细微处见精神。基于真实内容的制作与传播也使得节目更有广度、信度与深度。

要打造富有时代感的内容，增强内容延展性和现实张力。唐山抗震精神的内容制作要坚持与时俱进，结合时代特征，回应时代诉求，不断赋予唐山抗震精神新的时代内涵。挖掘历史和文化的当代联系，拉近传播距离。让唐山抗震精神逐步走出历史，走出抗震救灾、复产重建的大背景，走进社会主义建设新时代，融入实现民族伟大复兴、追求美好生活的新动力中。将公而忘私、患难与共、百折不挠、勇往直前的唐山抗震精神文化转化为以人民中心，努力构建和谐社会，奋勇进取、乐观奋斗的现代唐山抗震精神文化。结合时代新特征积极打造以唐山抗震精神为主题的内容，要坚持与新时代同步，坚持以人为本的传播理念，强调传播过程中的人文关怀，使之符合当下社会的生活秩序和社会主流价值所认可的行为规范，使得文化群体内部联系更加紧密、情感能量增强，形成高度的情感纽带。

在独特视角下，通过有时代感的内容策划，可以将植根于历史深处的唐山抗震精神进行挖掘、提炼和总结，与时代热点结合，形成新内容。富有时代特征的创造性阐释赋予了唐山抗震精神新的价值内涵和时代元素，通过专题化、系列化的内容制作，在生产社会意义的传播过程中营造文化氛围，与当地群众生产生活、地方文化建设、时代发展进步有机结合，推动唐山抗震精神的传播。如唐山“7·28”大地震时正值凌晨，是熟睡时分，但很多人不当班却在工作岗位上。在那个义务做贡献，不讲时间、不计报酬、不为奖金，自愿加班的时代，靠的就是劳动人民的觉悟和干劲。为了生产，没什么事儿就去单位工作，不仅是个体的亲身经历和独有觉悟，还是在自力更生、艰苦奋斗、鼓足干劲、力争上游的时代背景下唐山作为近代中国工业的摇篮所孕育的工人阶级的集体风貌。这样的工作态度和奉献精神对新时代年轻人树立正确的世界观、人生观、价值观，增强工作中的责任感和使命感有很强的现实指导意义。以20世纪70年代的“工作信念感”为主题，形成多维度的话题内容，定能在社会上引起广泛的认可度、关注度，引发时代共鸣。

利用新视角和好创意进行唐山抗震精神的内容策划，可以避免传统媒体中唐山抗震精神传播的内容同质化倾向。与现实联系，打造有时代感的内容，帮助人们将唐山抗震精神真正接受并且内化成可以指导自己工作生活实践的精神，切实提升唐山抗震精神传播与地震文化传承的长期发展实力，让唐山抗震精神在唐山的社会进步和文明建设中发挥更大的作用。

除此之外，从学术的视角出发，唐山大地震为唐山地震文化研究、唐山抗震精神研究、国家防灾减灾研究提供了坚实的基础，创造了有利的条件。科研单位应凝练自身特色，搭建学术交流平台，激发科研工作者服务地方的热情和导向，发掘其内在的实质精髓，扩大地震研究的综合影响力。结合学科优势、产业优势，召开与地震研究和抗震精神研究相关的会议，尤其是承办高端论坛和专业会议，深化对唐山抗震精神的探讨。通过高级别、高质量的研究成果，用科研带动唐山抗震精神的传播和弘扬。

（二）强化传播主体，促进唐山抗震精神的传播主体建设

在传播主体方面，全媒体传播体系呈现全局动员、全员参与、全体互动、全面触达四个特点。在全媒体传播体系下，新通路存在多个传播节点，每一个传播节点都可能具有媒体属性。主体全员意味着媒体本身职能不仅在主流媒体内部实现传播机会的均等化，还意味着融媒时代主流媒体信息传播外部主体机会的均等化。公众作为主流媒体外部主体，不仅是主流媒体信息的接收者，也是主流媒体信息传播的反馈者、参与者和发起者。全媒体时代，唐山抗震精神的传播主体十分广泛，包

括党政宣传部门、政府管理单位、新闻媒体机构、科研单位及院所、经历地震的企事业单位和个体传播者等，如中共唐山市委宣传部、唐山市政协文史资料委员会、唐山市地震局、唐山市应急管理局、唐山市防震减灾局、唐山广播电视台、唐山师范学院、开滦（集团）有限责任公司、地方历史爱好者等，都对加强唐山抗震精神的传播和相关研究起到了重要的推动作用。

1. 主流媒体坚持守正创新，塑造主流舆论新格局

全媒体时代，资本运作下的传播传承媒介呈现更胜以往的发展态势。部分抗震精神传承主体尝试追逐融入资本市场，形成“爆款”推送内容，却陷入了对传播精神理念的误解。无论传播精神理念的改善作用增至几何，其始终应当致力于服务我们党和国家的发展需要，致力于提升人民群众的美好生活水平。一切以服务资本为前提、以“博眼球”为目的传播主体及选取的渠道、发布的内容，皆是对传播精神理念的错误理解和扭曲使用。舆论生态已进入全媒体时代，只有坚持守正创新，才能不断推进媒体深度融合发展，构建起全媒体传播体系，塑造主流舆论新格局。

首先，充分发挥主流媒体设置议题、定调定音的权威作用。旗帜鲜明地把党管宣传、党管意识形态、党管媒体的要求贯穿始终，不断提高政治判断力、政治领悟力、政治执行力，坚定捍卫“两个确立”，做到“两个维护”。在建构唐山抗震精神全媒体传播体系时，主流媒体会重新构建信息传播的

路径，需要传播者与受众都参与到内容的传播中。如可以在中共唐山市委机关报《唐山劳动日报》开设特别历史类栏目板块“唐山大地震后的47年”，以对应的日期为突破，选取唐山大地震历史中的重大事件、重要人物，唐山重建与发展取得的重要成就和突破等予以刊登，以独家特稿的形式回忆地震亲历，展现唐山大地震的文化内涵，让报刊读者更好地了解唐山，感知唐山深厚的历史文化底蕴，增强唐山文化的凝聚力和影响力。《唐山劳动日报》还可以倾力打造文化类栏目《对话1976》，面向唐山大地震研究人员征文，讲述其与唐山大地震研究的故事，与1976年对话。借助多种技术手段和专业内容，对唐山大地震进行全方位、多角度的解读，给读者深入了解唐山大地震研究细节的机会。

其次，主流媒体以优质的内容产品和严肃态度引领着公众的思想及价值判断。发挥主流媒体内容生产的强大优势，将唐山抗震精神文化中优秀的思想、观念、内容传播出去，提高唐山抗震精神文化传播的引导力、公信力、影响力。《唐山劳动日报》作为全媒体的重要宣传阵地，开设系列专栏，讲好唐山抗震精神故事。比如开展党史学习教育“唐山抗震精神魂”主题教育活动和“唐山抗震精神记忆”传承保护行动，贯彻中共唐山市委关于传承保护唐山抗震精神记忆的安排部署。在“唐山抗震精神魂”学习教育活动中，开设《唐山抗震精神魂·山乡巨变》《唐山抗震精神魂·启航新征程》等专栏，组织编辑记者深入基层，以小切口、大背景，讲好群众心中的城市发展故事，报道震后唐山大地发生的巨大变化，展示新时代唐山人民不断增强的幸福感、获得感、安全感。《唐山劳动日报》还可以专门开设《唐山抗震精神魂·有话对您说》等专栏，用老百姓最真实朴素的语言，表达唐山人民对党和国家、人民解放军、医疗救援队以及全国人民的感激之情。《唐山劳动日报》注重突出、抓好亮点，进行深入报道，全方位加大宣传力度。

再次，提高主流媒体对唐山精神传播构建的重视程度。组织相关人员赴全国各地革命精神传播优秀的城市、教育基地、红色景区等进行参观考察，如红船精神、长征精神、西柏坡精神、雷锋精神、大庆精神、焦裕禄精神等，学习其革命精神成功传播的先进经验。开展“争当新时代唐山城市精神宣传员”的专题培训学习活动，努力提升相关人员的专题重视程度和业务能力水平，强化资源整合，信息传播、文化服务等功能。2026年，是唐山抗震胜利50周年。主流媒体应以高度的政治自觉超前谋划，紧扣抗震胜利50周年的热点，进行创新策划，推出文化精品，从全局出发谋篇布局，充分发挥主流媒体有效引导舆论的功能。精心策划庆祝唐山抗震胜利50周年全媒体宣传总方案。围绕总方案，相关单位统筹各平台资源力量，精心制定各分阶段方案和具体产品系列方案，以产品为单位，打破部门界限，成立宣传唐山抗震精神项目的专班团队。在方案构架上按照全年整体策划与阶段推进计划相结合、活动策划与产品策划相结合、新媒体策划与传统平台策划相结合的原则，推出系列全媒体宣传内容。立足全国视野，展示唐山抗震精神的历史底色和时代特色，以历史的厚重映照时代的风貌。

最后，媒体从业者必须坚定地坚持“守正求新”的信念，持续提升自身的社会责任感，树立起大局观，严格遵守媒体工作纪律，始终坚持以内容为王的基本原则，对党和国家的方针政策进行大力宣传，弘扬正能量，对社会舆论进行正确的引导，将新媒体平台上的各种虚假信息进行清理，从而构建出一个良好的社会风气，持续提升媒体的公信力，让传统媒体变成社会秩序的坚定维护者及权威信息的传播者。

2. 培养有强烈文化归属感、认同感的专业性传播人才

拥有一支专业的全媒体传播人才队伍，是保证唐山抗震精神文化传承和发展的重要因素。就目前人才建设情况看，绝大多数领域存在着专业从业人员少、新媒体传播经验不足、相关研究成果不多、传播内容和思路缺乏创意等问题。特别是在传播实践方面，人才多偏重现有资料的收集和整理，善于对历史事件进行讲述和传播，但对唐山抗震精神的领悟有限，对地震文化的归属感有限，导致唐山抗震精神难以进行深度挖掘，总是浮于表面。一些传播主体对唐山抗震精神的理解不够科学严谨，也造成了一定内容偏差。部分唐山抗震精神传播主体对相关方面的知识储备远远不够，对唐山大地震沉痛历史、唐山城市发展建设史的了解甚少，也在一定程度上造成了其选用传承内容逻辑性和科学性的缺乏。总体来说，目前不论是富有经验的全媒体传播实践者，还是对唐山地方文化充满情怀的唐山抗震精神内容传播者，都是十分缺乏的。只有培养既懂得唐山抗

震精神文化与内涵，又深谙全媒体传播原理与技巧的全媒体传播人才队伍，才能推出更多具有唐山精神特色、原创性强、群众喜爱的全媒体文化产品。

首先，培养传播人才对唐山抗震精神的文化归属感和文化认同感。文化的归属感和认同感是人在社会化过程中形成的主观感受，涉及人生观、价值观、人生信仰、行为习惯等多个方面。唐山抗震精神彰显了唐山人民面对突如其来的大地震百折不挠、勇往直前的勇敢和坚韧，彰显了全国人民全力支援的国家力量和人间大爱，是唐山地震文化自豪感、归属感和认同感的重要来源。如若传播主体不能全面地领悟唐山抗震精神形成的历史背景，也不能准确地描述唐山抗震精神自形成以来的发展变化，就很难在传播过程中传播深刻的唐山抗震精神内涵并与现实进行联系。长此以往，容易造成传播客体对传播主体的不信任，甚至失去对唐山抗震精神了解、关注和研究的兴趣。从目前唐山抗震精神的专业人才来看，亲历过唐山大地震的人很少，很多唐山本地的传播人才对唐山大地震始末本身、唐山抗震精神的来源和内涵了解也极为有限。因此，为传播人才提供深入了解和感受唐山大地震的机会，强化传播人才对唐山抗震精神的文化归属感和文化认同感显得尤为重要。

在培育唐山抗震精神文化归属感和文化认同感的过程中，可以从以下三个方面入手。一是加强对唐山当地历史和文化学习，综合了解唐山的传统风俗和风土人情。通过文化和历史两个维度，充分了解唐山的历史渊源、唐山近代工业的发展和唐山大地震前的城市面貌，感知形成唐山抗震精神的唐山文化底色，为唐山大地震和唐山抗震精神的深入调查和研究奠定基础。二是了解唐山大地震的历史过程和影响。专业人员通过走访调查，深入唐山市民中，了解他们在唐山大地震中的难忘故事和亲身经历，关注普通地震亲历者47年来的愿望，探索普通人的历史疑惑，体会大地震以来普通人的情感变化，形成对唐山大地震与唐山抗震精神的独特情感。三是积极参加与唐山大地震相关的文化活动和纪念活动。在每年的清明节、“7·28”纪念日等，唐山市政府、唐山地震局等相关单位、唐山抗震纪念馆等博物馆以及企事业单位、学校等会举办纪念抗震胜利的文化活动和纪念活动，是专业人员融入唐山抗震精神，获得文化归属感和认同感的重要途径。很多单位还会邀请唐山大地震的突出贡献者、唐山大地震的亲历者等开展事迹宣讲报告会、交流会等。在面对面的交流中，更加深刻地感受唐山大地震中人民的情感和历史记忆，从而增强唐山抗震精神的文化归属感和认同感。只有培育出热爱唐山、热爱唐山人民，了解唐山大地震、领悟唐山抗震精神的传媒工作者，才能充分发挥传播主体的主动性、创造性，推动唐山抗震精神的深度传播和广泛传播。

其次，提高传播人才对全媒体传播专业内容和唐山抗震传播理念和实践的重视。随着传统媒体与新兴媒体的融合发展，全媒体传播理念深入人心，并在人们的信息传递中承担着越来越重要的角色。一支懂专业、水平高、能力强的专业人才队伍至关重要。目前来看，部分传播主体对唐山抗震精神的全媒体传播存在认知的盲区和误区。全媒体传播理念产生了大量的新生词汇和全新说法，传播内容、传播理念、传播形态较以往出现了颠覆性的改变。而文化传播的专业人才基于原有的传播理论基础和长期以来积累的新闻工作经验，不愿意轻易尝试全新的传播模式，也不擅长改变自身的工作体系。媒体人拥抱变化，更新唐山抗震传播的理论基础并进行传播实践尝试是未来工作的重点。

全媒体发展为唐山抗震精神的传承带来了机遇，也对传播人才的专业知识储备提出了更高要求。在全媒体时代，新一代传播人才的培养势在必行。这就需要完善全媒体传播机制，建立人才培养机制，请人才进来学。一是充分发挥党员业务骨干的先锋模范作用和经验优势，开展“师带徒、结对子”传帮带活动，让老员工带新员工、让老党员带新党员、让“老新闻人”带“新新闻人”。二是邀请在唐山大地震和唐山抗震精神主题传播中具有丰富经验的老新闻人、老媒体人举办专题讲座，分享新闻采访、项目策划、内容制作的经验。三是与相关高校签订人才培养战略合作协议，开设“融媒快速提升课堂”，有效提升融媒团队凝聚力、归属感和责任担当意识，培养传播人才的综合素养和主观能动性。四是建立外出培训机制，组织相关人员外出培训、参观、学习、实践，通过“走出去、学回来”，提高专业人员的政治素质、业务能力、实践技能和工作水平，不断掌握新知识、熟悉新领域、开拓新视野，着力打造一支专业能力过硬的全媒体人才队伍。

如对于《唐山劳动日报》媒体人来说，他们不再是单一的文字记者、图片记者，而要成为“全能型”记者。不仅要充分利用素材，突出新媒体时代融合特色，实现报纸、网络、直播等渠道的立体宣传，还要在报道推出前完成策划、组织、设计等一系列工作。不仅要以不同形式对唐山抗震精神素材进行文字、图片、音频和视频的整理，还要在网友反馈后在不同的新闻生产线进行深加工，最终形成直播、新媒体快讯、短视频、海报、网络招募卡、报纸报道等内容，以满足不同受众的多元信息诉求。

除了加强个人业务能力的培养，还应加强部门协同，开展唐山抗震精神的联合传播。媒体专业人才必须打破传统媒体的分工观念，熟练掌握文字、图片、音频、视频等多媒体的采制和传播技巧，善于运用最新的科技和先进的表现手段，将采、写、摄、录、编等能力融为一体，为各种媒体平台提供高质量的内容。与此同时，媒体专业人才也需要整合各类内容产品，以其丰富的知识储备和出色的营销创新能力，将新闻信息的传播延伸到知识和服务的范围，从而创造出新的内容产品。全媒体发展背景下，内容的呈现不是一个部门、一名记者可以单独完成的，而是多个部门、团队成员通力合作的整体呈现。对典型人物事迹进行深度报道，需要实地的考察、深入的采访，才能实现报道的多角度，有的时候甚至需要宣传部门密切协同其他省市、其他单位才能完成。如上海救援唐山大地震的医疗救援主题，需要唐山的地震亲历者、上海的援助医院、援助唐山的上海医生三方的共同采访才能多角度、全方位地还原历史。同时，构建具有全局观念的传播框架还应形成全局观，实现内外传播的结合，从思想观念上不断渗透，形成大范围主流价值观的共识。

培养有文化归属感和文化认同感的专业传播人才是科学地弘扬唐山抗震精神的保证。他们不仅拥有扎实的全媒体传播理论知识，具备能够打破传统媒体中的各种边界的思维和能力，快速地适应媒体融合后所形成的大环境；还能了解人民群众的需求，保持专业敏感度，在调研、采访中捕捉可能成为成功热点传播的突破口，形成可进行深度探讨和发酵的话题，制作出人民喜闻乐见的唐山抗震精神的传播内容。

3. 依靠家庭代际传承唐山抗震精神，实现代代相传

代际关系是家庭社会学的重要研究内容。家庭代际传播是一种通过家庭内部代际关系进行信息传播的方法，通过家庭中不同代际之间的相互影响和互动，影响家庭成员的社会认知和心理发展。作为一座城市所有人民共同面临的大灾难，利用家庭代际传承唐山抗震精神具有得天独厚的优势。在唐山大地震中，每个唐山人的经历都令其终生难忘。大地震作为重要的事件节点，也成了很多亲历者人生的重要转折点，甚至彻底改变了亲历者后来的人生走向，是重要的家庭历史。48年过去了，即使是在唐山大地震中尚为孩童的亲历者，如今也已经走入五十知天命的年纪。虽然，英雄的唐山人民已经走出地震的阴

霾，成长成熟、学习工作，组建家庭、成家立业、努力生活，但唐山大地震给无数唐山人的生活方式、思想观念都带来了巨大的冲击和变化，对每个家庭的发展历史和关键抉择都产生了重要的影响。因此，以家庭为单位，通过家庭代际传播讲述唐山大地震故事，传承唐山抗震精神，有助于将唐山抗震精神和家庭文化传统、家庭历史发展结合起来，实现更深层次、更加多元的传播和领悟。

从家庭社会学角度来看，家庭代际关系是指社会成员之间因血缘和婚姻关系而形成的一种亲密互动模式。在家庭社会学领域，人们对家庭代际关系的研究主要集中在三个方面：第一，从代际关系的主体来看，研究主要集中在夫妻之间的代际关系；第二，从代际关系的内容来看，研究主要集中在对父母和子女之间的代际关系；第三，从代际关系的功能来看，研究主要集中在代际互动模式和代际互动效果两个方面。随着中国社会现代化进程的推进，中国传统家庭结构不断发生变迁。以往对传统家庭结构、功能、特征等方面的研究，虽然受到了社会现代化进程和人口转变趋势的影响，但是主要集中在宏观层面上。随着中国社会转型进程加快和人口转变趋势逐渐明显，微观层面的研究开始受到越来越多学者的关注。对于中国家庭结构演变和家庭功能变迁等问题进行了大量实证研究，包括人口学、社会学、心理学、伦理学、法学等学科领域。在传播唐山抗震精神文化的进程中，发挥家庭代际模式所带来的深层次优势，以一种全新的方式讲述唐山抗震救灾故事，传承唐山抗震精神。

唐山大地震的亲历者有着亲身经历的真实感，与家人和亲友沟通更容易产生情感共鸣，因此实现的影响效果也更加深刻和直接。他们通过真实的家庭人物、真实的家庭环境和真实的生活事件传递真实的经历和感受，使亲人们更加直观地认识到唐山大地震发生的前因后果。正是家庭内部难以代替的亲密性和亲友间的情感联系和关怀，使唐山抗震精神更具影响力、说服力和可信度，使唐山抗震精神更加深入人心。在良好的家庭传播的基础上，会形成“口口相传”“代代相传”的效应，传播效果是使传播不再局限于亲人之间，还可以逐步扩散至同事间、朋友间、社区间甚至更大的范围，带来更加广泛和深远的影响。依靠家庭代际传承唐山抗震精神，不仅有利于家庭的共识和团结，更有利于社会整体紧密度和共识度的提升，真正实现唐山抗震精神代代相传，永垂不朽。

具体来说，从家庭代际角度实现唐山抗震精神的传承和家庭历史文化的延续，可以有以下几点。一是让家人了解唐山大地震的历史过程。可以通过讲述亲身经历或者通过家庭一起读书、一起看纪录片等形式，让家人了解唐山大地震的真正历史。二是为家人解读唐山抗震精神的内涵。“公而忘私、患难与共、百折不挠、勇往直前”虽然只有16个字，背后却折射出无数人的共同努力。无论是政府还是民间，不论是解放军还是医疗队，不论是厂矿工人还是教师学生，各行各业都涌现着无数的感人故事。用身边的、平凡的、熟识的人的故事将唐山抗震精神具体化。三是强化家庭成员的安全意识。可以通过向家人讲述自己在地震中的真实经历，解释在地震发生时应该如何逃生和自救，传授一些简单的抗震技能，比如提前做好水的准备、躲到安全三角等。还可以通过演练火灾、地震、遇险等情况综合提高家人的应变能力和安全观念。

从代际关系角度传承唐山抗震精神，特别是对家庭中儿童和青年的传播，有助于让唐山抗震精神在年轻人心中生根发芽，深入人心，广为流传。以家庭为传播单位，实现唐山抗震精神的活态传播，通过老人的口口相传和家庭成员的言传身教，充分利用家庭的活动、亲属的经历，进行忆苦思甜教育，在家庭故事的传承中感受家庭的发展、时代的变迁，体会今天幸福生活的来之不易。因此，以家庭为单位进行地震经历的讲述，以亲人的亲身经历实现家风的传承，此时的唐山抗震精神已经不仅是一个口号，而是凝聚在唐山人身上的可贵气质，要真正传承下去。

除了家庭代际传播，广大教育工作者也是传播唐山抗震精神的重要主体。他们善于利用新媒体技术，能够与时俱进地掌握新媒体发展的规律和特点，并通过对新媒体的综合运用，打造融入地方文化，实现教书育人的新阵地。如高校教师引导学生一起建设具有思想性、引领性、互动性和服务性的校园地方文化专题网站，统筹、规划、建设具有地方特色文化资源的网络学习平台，开设体现地方文化特色的专版、专栏，营造浓郁的地方文化学习氛围。着力将唐山抗震精神与专业相关的教学、实习、实践、比赛活动相结合，打造地方文化讲堂、网络工作室等品牌文化项目，鼓励、支持教师指导专业学生通过创作并发布有关唐山抗震精神主题的摄影、书画、视频、论文等作品，开展感染力强、主题鲜明的文化活动，让学生在潜移默化的主题教育中厚植爱国情怀，增强文化自觉和文化自信。

（三）拓展传播媒介，完善唐山抗震精神的传播渠道建设

传播媒介与公众连接日益紧密，呈现社会媒介化与媒介社会化的趋势。特别是媒体传播进入全媒体时代后，传播与先进的技术手段相结合，对图片、文字等进行全方位、立体化处理，媒体的传播内容得以大大丰富。公众不仅可以获取信息，也能够分享信息，实现内容的二次创作。目前，唐山抗震精神的传播主要通过传统的传播方式，包括相关读物，如报纸、杂志、书籍等；相关影视作品，如电影、电视剧和纪录片等；唐山地震遗址公园、唐山抗震纪念馆等，与新媒体、文化旅游的深入融合极为有限。因此，运用多元化的宣传渠道，完善唐山抗震精神的传播渠道建设，对提高唐山抗震精神的传播效果具有至关重要的意义。

1.积极开拓新媒体，创新唐山抗震精神传播渠道

新媒体是在传统传媒工作方式的基础上，吸纳新兴传媒的技术力量，形成传媒融合的新形态。通过大数据等技术的运用，有助于新媒体分析受众群体的爱好偏向及话题热点，及时推送出符合时代精神、迎合大众需求的内容。其特征表现在：一是以传统媒介为主体，以大众资讯需求为导向的媒介变革；

二是融合传统媒体和新媒体等先进的信息传播手段，构建更为优化的信息传播形态，在传播中兼具传统媒体权威的特征和新媒体便利性的优点，并将多种媒体间的信息进行整合、综合。正是由于新媒体移动化、轻量化、视觉化和社交化的特点，为唐山抗震精神的传播带来了新机遇。面对海量内容，多元视听和即时互动帮助受众抓住唐山抗震精神的内容精髓，精准捕捉精神的“闪光点”，能打造爆款内容，打开传播困局，达到最佳传播效果。用一个个精彩的细节抓住人心、引起共鸣，成为唐山抗震精神传播的主力军。

首先，实现唐山抗震精神全媒体内容的全形态呈现和全维度体验。转变传统纸质展现形式，实现形态上的创新。新媒体内容产品可通过文字、图片、音频、视频、MR、AR、VR、可穿戴设备和传感器等多形态呈现，更加逼真地描画、抽象、模拟、还原和重构所表达的内容，给用户提供全信息服务以及多维感官体验。以其形态的直播化和视觉化，促进观众认知从宏观和微观两个方向全面推进。充分使用各类多媒体声像技术，开展图文并茂、动态演示的唐山抗震精神教育，绘声绘色地展示精神内涵，增强吸引力。充分利用大数据技术和网络传播手段，创新短视频、音乐、话剧等声色传媒的在线内容制作，打造丰富、亲和、富有正能量的唐山抗震精神传播内容，在传播上实现易接受、零距离、便捷化。通过大数据推送，与时代相连，提供个性化、年轻化、多元化的唐山抗震精神传播资源，用好的内容、好的体验，激发人们对唐山抗震精神的关注兴趣，增强广大民众对唐山抗震精神精髓的深层次认知，提高广大民众对唐山抗震精神的文化认同意识。

其次，依靠主流媒体推动唐山全民抗震精神新媒体传播“热起来”。在新媒体助力文化繁荣昌盛的时代，全民的数字技能得到提升，信息服务实现了精准覆盖和全覆盖。因此，在主流媒体的引导和推动下，通过文化宣传管理部门的协调管理，以智能化数字媒介平台为依托，以全媒体、多元化理念和时代感引导为策略，形成唐山抗震精神传播的规范化思维意识。通过政府官方部门的组织和调动，把散落在世界范围内的与唐山抗震精神相关的文化团体和个体有效聚集起来，发挥历史文化学者、网络传播人员、民间历史爱好者的主观能动性，组建唐山抗震精神文化传播协会，促使唐山抗震精神的新媒体传播格局有效形成。在主流媒体凝聚与指挥唐山抗震精神传播的统一前提下，充分发挥民间力量，对唐山抗震精神的传播产生强大的推动力。以规避唐山抗震精神文化传播“去中心化”风险为前提，有序形成全媒体技术支撑下官方与民间交互发力的唐山抗震精神文化“再中心化”传播新范式。

如主流媒体通过官方新媒体平台，如微博、微信、抖音等，创建唐山城市精神：唐山抗震精神专题，定期发布相关文章和视频内容，如抗震艰苦历程、抗震救灾经验、灾后重建过程等内容。特别是当一些时事新闻和社会热点可以和唐山抗震精神结合起来时，抓住内容的延伸，制作爆款内容。如将唐山抗震精神和中国共产党的党风廉政建设结合起来，深挖唐山大地震中广大党员舍小家为大家的经典实例，宣传为了自救互救、复工复产无数党员的奉献精神和起到的先锋模范作用，和当下共产党员的先进事迹结合起来，赋予唐山抗震精神的反思和时代的内涵解读。还可以利用社交媒体，举办丰富多样的线上活动，开展以抗震救灾为主题的在线宣讲会、线上研讨会、纪念抗震救灾胜利特别节目等，发布有意义的短视频、小文案，制作互动话题，让更多人参与进来，了解唐山抗震精神，并将这些内容传播到更广泛的受众中。

再次，完善传播平台及大数据建设，实现更多元、更深层次的传播。一直以来，与唐山抗震精神的相关资源十分丰富，十分庞杂。更严峻的是，随着时间的流逝，地震亲历者日渐老去甚至离世，很多重要的事件和人物故事变得模糊已经淡忘。相关文献、资料沉睡在博物馆、档案馆、纪念馆、图书馆之中，鲜少有人问津。因此，收集整理唐山地震的历史资料，完善唐山抗震精神的数据库建设，将各单位海量文献资料以及流散在民间的相关资料整合起来，有助于在时间和空间上便利、快捷地获得、利用这些丰富珍贵的资源，以便相关部门、相关研究人员系统地进行唐山大地震和唐山抗震精神资料的检索和利用，为社会各界进行相关研究提供可靠的文献资源和途径。如建立“唐山大地震文献暨口述史料数据库”，包括唐山大地震亲历者口述实录内容建设、唐山大地震原始档案资料建设、唐山大地震研究性文献建设等，涵盖了视频、音频、图片、文件、文章、报道等诸多内容；建立“唐山抗震精神人物数据库”，包括彰显唐山抗震精神的普通民众，各行各业的优秀人物、代表事迹等；利用数据库的搭建为唐山地震文化传播和唐山抗震精神传承提供支持，推动唐山大地震和唐山抗震精神相关人物、事迹、文献、研究的资源共享。充分利用资源优势，创新研究方式，搭建研究服务平台，并通过多种渠道，推出一批具有个性化、专题性和创新化的研究成果，提升资源的利用率和转化率。

最后，还要构建网络交流平台，充分开展大数据分析，通过数据研判，更为精准地掌握个体偏好，优化唐山抗震精神素材的准确推送。拓展大数据应用范围，通过大数据的联通和对接，完善推行全媒体传播理念和方法创新，使得唐山抗震精神主题的传播内容更加贴近现代读者的精神需求。当下，短视频是轻量化传播流量之王，是公众获取信息、娱乐消遣的重要媒介形式。紧扣“快、准、稳”传播，有目的性地将唐山抗震精神的重要信息点进行碎片化剪辑，形成短视频、vlog、海报等轻量化产品，再配上清晰的字幕、关键字说明等予以传播。如站在中青年受众角度，安排唐山抗震精神采访团队实地走访重要遗址纪念地、重要人物关联者，并把这些好素材转化成生动的、受众能够深刻感知的好作品、好故事，推出多个系列的关于唐山抗震精神类的宣传短视频，灵活运用移动直播、动画、H5等新技术新手段，依托“唐山党史”“唐山先锋”“唐山青年”“唐山劳动日报”推送给广大党员、团员，把传统的大信息量浓缩到短小、省时、高效的传播途径中，再选择恰当的背景音乐，强化情绪，实现重大题材在多介质平台的“轻量化”发布。调动广大中青年的分享、传播情绪，在朋友圈、社交平台刷屏，起到了裂变传播效果，在中青年群体中进行有效推送，定能提升唐山抗震精神在中青年人群中的传承和发扬效果。

不论是专业内容的知识库，还是大众化的社交媒体平台，依托专业平台和数据技术赋能主流价值的传播，制作推出一批形态活、意义足的唐山抗震精神内容产品，让不同年龄、不同职业、不同需求关注唐山大地震历史和唐山抗震精神的人群都能获取适合的内容信息，感悟唐山大地震的历史印记和唐山人民在灾难中的坚强乐观和不屈不挠的精神，对于唐山抗震精神的传播至关重要。

2. 加强传统媒体与新媒体的融合，完善唐山抗震精神传播渠道

传统媒体主要利用电视、广播、报纸、书籍等传统的媒体形式，在信息传递中存在着信息更新速度慢、传递不及时、传播载体单一等诸多问题。由于对时间的要求较高，受众在通过传统媒体获取信息时具有较多的局限性。在全媒体传播背景下，新媒体的传播优势给传统媒体的发展带来了巨大的影响和冲击，同时也为传统媒体带来了新的发展机遇，为传统媒体指明了发展方向。通过对唐山抗震精神传播的相关资料研究整理发现，当前唐山抗震精神的传播局限于书籍、影视剧等传统的传播方式。如对唐山大地震事迹的历程讲述，大多是以纪录

片、口述回忆等形式呈现，虽然能最大限度地还原事件原貌，但信息量巨大，缺乏重点提炼，很难激起受众的传播兴趣。因此，应当适应时代对传播渠道的发展需求，突破媒介之间的界限，与时俱进地传播唐山抗震精神，促进传统媒体与新媒体的融合。

首先，扩大受众群体，兼顾各个层次的传播对象。媒介融合把传统媒体与新兴媒体结合起来，将两者的优势进行整合，实现传播对象的全触达和信息传播效果的最大化。一直以来，唐山抗震精神的传播渠道比较偏向于报纸、电视等传统媒体，有利于纸质文献的整理和收藏，对老年人的触达性较强。但面对越来越繁冗复杂的信息，想在年轻一代当中实现好的传播效果非常困难。因此，实现传统媒体在年轻人中传播的瓶颈得到突破和发展，必须充分吸收新媒体的技术优势和发展理念，各媒介取长补短、融合发展。在稳定好中老年受众群体的同时，有效地吸引中青年群体，借助媒介融合理念，创新文化的传播理念和表达方式，提高信息的传播速度，实现信息的交互与共享，通过多渠道、多维度传播取得理想的传播效果。

如将唐山抗震精神最适合的故事内容投入适当的媒介，方能获取受众的高度认同和接受。如文字适合打造深度解说的故事内容，宣传片适合打造情感集中爆发的视觉内容，电视剧适合打造娓娓道来的线性叙事内容等。同一个传播内容，通过恰当的媒介组合，就能有序地进行传播，更好地发挥媒介的互通性。通过文字、宣传片和影视间的相互协作，在加深受众对故事内容理解的同时，培养了受众的忠诚度。如为了避免传播内容单一、表现方式单调的问题，满足不同受众对内容的不同需求，可以在唐山抗震精神宣传的短视频、微纪录片中增加二维码，增加传统渠道内容的容量，通过扫码实现唐山抗震精神传播内容的拓展，如专业性问题的咨询或相关史料的拓展等。如在学习强国中开设“唐山抗震精神”强国号，采集与唐山抗震精神有关的各种原始素材进行内容制作，形成在党员干部队伍中传播唐山抗震精神的重要渠道。使用图文并茂、直观形象的“图解”方式来吸引读者，采用文创形象、微视频漫画等丰富多变的元素增强唐山抗震精神的时代感，增强唐山抗震精神传播内容的黏性。还可以利用竞赛答题、学习型小游戏等形式增强唐山大地震历史知识、传播唐山抗震精神故事。

其次，充分发挥传统媒体的内容优势和新媒体的渠道优势，实现优势互补。作为传统媒体的代表，电视、广播、报纸、杂志以及广告牌等是见证历史的重要载体，记录着、保存着体现唐山抗震精神的丰富内容，如与唐山抗震精神相关的地震回忆、人物事件、历史变迁、科学研究等。时至今日，传统媒体仍然在生活中发挥着重要作用。随着传统媒体与新兴媒体的融合程度越来越深，二者不是简单的组合相加，而是呈现为优势互补、此消彼长的迭代关系。因此，在做大做强传统媒体阵地的同时，大力推动唐山抗震精神主题宣传向新媒体迁徙。根据受众需要和传播场景，选择合适的媒体类型和媒体平台，突破传统、因事而谋、应势而动、顺势而为，分类精准地传播各种题材形式的唐山抗震精神和地震文化，能够取得更广泛和更有针对性的传播效果。如强化纸质媒体的深度阅读内容提供，以与唐山抗震精神相关的主旋律事件突破新媒体等。具体来说，央视新闻、学习强国等官方媒体权威性强、号召力大、可信度高，适合重大主题和政策性内容传递；知乎等垂直类媒体平台专业性强、可靠性好，适合某个领域的深入探讨；抖音、快手等短视频平台传播门槛低、大众化，适合普通民众；微传播适用于利用碎片化时间快速阅读的年轻受众。

在优势互补的过程中，要不断强化互联网思维，积极借助新媒体技术，拓宽全媒体视野，挖掘、利用唐山抗震精神传播的权威性、含特色、有深度等优势，让主旋律声音直抵各类用户终端，抢占舆论制高点。如在“7·28”纪念前后，《唐山劳动日报》应充分利用新媒体矩阵的立体传播体系，报纸、手机报、唐山网、数字报、微信、微博、头条号、抖音号、视频号、客户端齐上阵，图解、音频、视频齐发力，优势互补、相互渗透。扩容传统媒体的传播能量级，提升报道影响力。采访报道组可以采用航拍视频、微视频、现场云直播等多种图文视频形式，在客户端、微信、微博、抖音等多平台刊发稿件。记者采访的稿件、拍摄的图片和视频实现一次采集、多种生成、多元发布、多级放大，增强了传统内容的传播力和影响力。发挥主流媒体宣传优势，把全过程融入媒体，增强新时代弘扬唐山抗震精神的传播力，扩大宣传效果，提升宣传质量。通过图片、文字、视频的全媒体传播，多视角传播唐山抗震精神，通过对点击率的深入分析，实时改变传播举措，实施精准而有效的传播。通过唐山儿女的共同互动和发声，放大唐山抗震精神的声音，展现唐山人民的凝心聚力。

总体来说，为了推动传统媒体与新媒体的融合，要强化相关部门的政策导向，突破传统的管理方式，赋予媒介融合足够的关注，并充分给予媒介融合支持。传统媒体要加强对员工的管理，优化新媒体平台的管理方式，强化人员的新媒体知识学习，制订新媒体平台的发展计划和管理计划，推动从业人员工作观念的变化，从而加快媒体融合的速度。对于新媒体平台来说，需要加强对其内容的管理，对虚假信息和造成不良社会舆论的行为进行严厉的惩罚，从而推动新媒体平台的规范化发展。

最后，配合线下宣传活动，打通媒体融合各渠道，提高参与互动深度。在媒介融合的背景下，优质的传统内容借助网络媒体焕发生机，促进了观众通过订阅、观看、收听和互动等活动实现唐山抗震精神的传播。同时，媒体融合也为实现线上线下的资源共享提供了便利条件。观众通过在线阅读与学习，对唐山抗震精神产生深入了解、研究的兴趣，进而关注线下场馆和活动；而线下活动的参与者也通过在活动中的激发和积累，对媒体的唐山抗震精神传播实现关注，进而实现双向的流量引导。线下活动主题多元、形式多样，不仅能普及地震防灾减灾的基本常识，提高防震减灾知识的时效性，提升整个社会的防灾减灾意识和能力，还能了解唐山大地震历史，并将“公而忘私、患难与共、百折不挠、勇往直前”的唐山抗震精神传承下去。

如唐山市政府、唐山市地震局、唐山市应急管理局等定期在唐山抗震纪念碑广场举办有关抗震减灾的主题活动，为广大市民群众提供展板、画册、读本、折页等形式多样、种类齐全的防震减灾及文物保护宣传资料，并在资料上印刷新媒体平台的二维码信息，借此推广与防灾减灾、应急管理、唐山大地震、唐山抗震精神相关的官方新媒体账号。在活动现场，通过工作人员与人民的现场互动交流实现防震减灾知识的趣味科普，提高广大群众进一步参与的积极性，并引导群众注册、关注相应新媒体平台，进行唐山抗震精神内容的推介。为民众发放科普手册，不定期在平台推出在线答题、在线学习的“夺”奖活动，引导民众积极参与其中，仔细翻阅资料，认真答题闯关，提高账号的参与度和活跃度，学习防震减灾科普知识。活动主办方还可以充分发挥新媒体传播优势，通过大众喜闻乐见的形式，让更多人积极了解唐山抗震精神的相关知识。配合地震科普和防震减灾的综合内容，推出科普漫画“地球震动大揭秘”和唐山抗震精神人物“身边的英雄”等。除此之外，邀请唐山抗震英雄代表人物或唐山大地震亲历者亲自讲解、分享真实历史，讲述唐山抗震时的感人故事，挖掘典型人物的时代精神。策划重要任务的回忆访谈和文字注释的形象式文本，把与唐山抗震精神相关联的内容以“二维码”形式进行数字化呈现，使得唐山抗震精神所蕴含的“形、神、意”核心理念和本真价值得到深层挖掘。通过线下活动向线上引流，在网络引起广泛关注，助力唐山抗震精神的全媒体传播。

3. 强化文旅融合，优化唐山抗震精神传播的博物馆渠道

博物馆是文明产生与发展的重要见证者，也是人类追溯过去、展望未来的文化基石。同时，博物馆也是城市文化的重要载体，它既要承担保护历史文化的职责，也要积极承担展示历史文化的任务，更是传递城市文明、传播城市精神的重要抓手。在文旅融合的大背景下，博物馆旅游、博物馆教育、博物馆文创也为城市文化、城市精神的传播带来了新的机遇。唐山地震博物馆和唐山抗震纪念馆是以唐山大地震为主题的专业性博物馆，馆藏资源丰富，主题内容突出，文化底蕴深厚，文化氛围浓郁，具有开展唐山抗震精神传播的天然优势。传播唐山抗震精神，要对蕴藏在唐山地震博物馆和唐山抗震纪念馆中的物质文明和精神文明进行深入发掘，以博物馆为窗口，依托馆藏文物和常设展览，更好、更全面地展现唐山抗震精神的内在价值，实现唐山抗震精神的深度传播。

目前，唐山抗震精神依赖博物馆载体的传播媒介有两个，分别是唐山抗震纪念馆和唐山地震博物馆。唐山抗震纪念馆是唐山大地震、震后重建展示的综合纪念馆，1986年建立，分别在1996年和2006年进行了两次规划改造。目前，其展览主题为“唐山抗震成就展览”，展览形式包括图片、实物、景观、媒体展示等高科技展览技术，通过结合声、光、动，带领参观者深入体会唐山地震文化以及现代化建设的成就。唐山地震博

物馆是地震遗址公园的重要组成部分，建于2008年，位于唐山南湖生态城，园区内还有唐山机车车辆厂铸钢车间的遗址。地震博物馆包括科普展厅和纪念展厅两部分，其中科普展厅以地震科普知识为主，包括地震科学、地震活动观测、地震灾害防御、地震紧急救援等七部分；纪念展厅以唐山大地震为主题，包括罕见震害、抗震救灾、自救互救、重建家园、科学发展五部分，历史资料图片和珍贵实物丰富，展现了唐山人民在全国人民支援下抗震救灾、重建家园的伟大壮举。

首先，提高唐山地震主题博物馆旅游的品牌力。在文旅融合的大背景下，我国的文化旅游事业得到了迅猛发展，博物馆的文旅发展也迎来了新的契机。作为20世纪十大自然灾害之一，唐山大地震是整个唐山的阵痛和伤痕，是唐山城市历史中不可回避的标志性事件。抗震救灾中，留下了许多有关防震减灾、自救互救、震后重建、恢复生产的故事和宝贵经验，形成了“公而忘私、患难与共、百折不挠、勇往直前”的唐山抗震精神，是唐山文化中不可分割的重要组成部分。它不仅是痛的记忆，更凝聚着人类对自然的认知和对唐山抗震精神的传承。唐山抗震纪念碑、唐山抗震纪念馆、地震博物馆和地震遗址公园作为重要的唐山抗震精神的文化载体，具有独特的文化资源优势和精神魅力。对唐山地震文化资源进行文化旅游开发，不仅能打造地方旅游特色，还能展示震后新唐山的建设成就，弘扬并传承唐山抗震精神。

在全媒体传播的背景下，博物馆可以为受众提供集视觉、听觉等多维度于一体的全方位、立体性参观体验。特别是新技术手段的应用增强了媒体融合的互动效果，使唐山抗震精神的传播更加生动。除了有机地整合图文、音频、视频、H5作品等各种形式的历史资源，还可以尝试采用网络时代受众尤其是青年受众容易接受的ＶＲ传播模式，运用3D呈现技术，完善ＶＲ场馆建设，动态地展现博物馆的原有陈列，提高唐山抗震精神文化参观的频次和质量，使唐山抗震精神在新时代深入人心。如在唐山地震博物馆搭建地震体验馆，举办地震知识科普活动，增加集知识性、趣味性、参与性、互动性于一体的地震模拟体验。地震体验馆集成影视技术、光电技术等现代化展示手段，现场模拟效果逼真，音效一流，立体感强。能够综合运用影音、特效和电子喷雾技术，通过喷雾、灯光、音响、影像多媒体等系统，为体验者模拟出地震发生时的真实场景。参观者可以在地震体验馆体验不同级别的地震，感受地震后的真实场景，使观众身临其境感受震级，并体验自救技巧，带来直观感受和临场体验。不仅能为大众普及地震知识，还能提高人们应对突发地震的能力。这样的项目有情有感、有史有据，科技含量大、体验效果好，独树一帜，令人耳目一新。不仅具有重要的科普意义，还具有重大的现实意义，更能提高文化旅游内容的吸引力和感染力。

除此之外，唐山抗震精神的传播还可以与唐山本地特色文旅宣传进行联动，借助唐山文化旅游的广泛影响力带动唐山抗震精神文化的传播。如唐山师范学院、唐山学院相关院系联合，排演《唐山大地震》《抗震救灾》等舞台剧，开发彰显唐山抗震精神的文旅演艺作品，深刻展现出唐山的城市特色，展现出唐山人民自强不息和勇敢坚韧的精神气质。不论是编排舞剧、话剧、音乐剧等舞台剧，还是策划大型沉浸式演艺项目，都能以近距离的视听体验实现媒体的场景渲染，直观地让观众感受到唐山抗震精神的强大力量。还可对唐山抗震纪念碑、唐山抗震纪念馆、唐山地震遗址公园等唐山地震文化旅游目的地进行深度挖掘，与本地区其他文旅景区联动，形成特有的文化联结、文化标识，重塑唐山特色地域文化元素，展现唐山地震文化的一脉相承和独特价值，围绕时代价值、城市文明等思想要素，提升唐山文化的综合影响力，将唐山抗震精神作为具有普遍意义的文化精神融入唐山文化旅游。

其次，增强以唐山大地震、唐山抗震精神为主题的研学教育吸引力。唐山抗震精神折射出唐山这座城市的重建历程和精神风貌，将唐山抗震精神融入博物馆教育活动，把文旅项目与博物馆教育活动相结合，赋予了博物馆新的时代使命和责任。目前，唐山地震主题博物馆教育主要依赖于唐山抗震纪念馆和地震博物馆的日常参观讲解，尚无系统课程的开发。唐山抗震纪念馆定期组织小小讲解员、博物馆走出去等活动，还会依托官方网站，发布与地震相关的科普知识和紧急避险方法等。唐山地震博物馆承接中小学课外实践教学活动，并开展讲座交流普及知识、传承文化。可以说，在中小学课外活动中发挥了重要作用，并实现了一定的网络宣传教育功能。然而，这样的影响力仅局限于唐山本地，对能够与文旅进行深度融合的博物馆教育尚为空白。

依托唐山大地震的特殊历史，唐山抗震纪念馆和唐山地震遗址公园已经成为爱国主义教育、防震减灾教育、科普教育等重要基地。开发唐山地震主题博物馆教育，不仅要突出唐山地震文化独特性，还要在文化中融入历史，传播科学，传承唐山抗震精神。博物馆基于收藏文物和展览内容，可以实现从多个角度、多个类别进行专门性内容开发，有意识地把唐山抗震精神有机融入博物馆教育。如老唐山人的寻根溯源之旅，特别关注唐山抗震历史和城市发展成就，因此可以在回味唐山大地震救援往事中感性地融入唐山抗震精神；中小学生特别关注家乡的风貌变化，因此可以在城市的重建中科学地融入唐山抗震精神；大学生关注唐山精神文化和专业知识的拓展，因此可以结合英雄人物和英雄事迹传递唐山抗震精神；单位职工更关注单位的地震经历，因此可以和工厂的复工复产经过联系唐山抗震精神。

完善博物馆官方网站、微信、微博、直播等平台内容，加强数字博物馆教育内容的建设对唐山抗震精神的传播也有着极为重要的影响。由于博物馆教育的广泛性，未来唐山抗震纪念馆和地震博物馆面对的不仅仅是唐山地区的游客，还有更加广泛的京津冀旅游、教育人群。他们的游览时间较为紧张，难以在短时间内吸收大量的历史史实，并对唐山抗震精神形成深入的理解。因此，可以依托唐山地震主题博物馆教育在线平台，实现资源的投放与共享，探索“线上课程、线下活动”的教育方式。参加教育活动前在线参与学习内容，通过资料查找、视频学习等方式实现预习；线下参观教育中淡化面线、强调重点，尤其突出时代背景和人物事迹的深层讲述；教育结束后持续地推送与唐山地震文化相关的优质文章、视频，与唐山地震相关的纪录片、影视剧等地震文化作品。

作为面向大众开展全面素质教育的文化旅游活动，博物馆教育既可以提高国民素质、增强文化自信，又能够实现文化的传承、精神的传递。因此，通过博物馆与教育的结合，让文物更加贴近人民群众的学习和生活，使游客在游览的同时接受爱国主义教育，对唐山文化有更加深刻的认识，丰富精神世界，陶冶道德情操，将唐山抗震精神铭记于心。

（四）增强受众意识，培育唐山抗震精神的传播客体潜力

从唐山抗震精神的关注人群来看，主要集中在60岁以上的人群，特别是唐山大地震的亲历者、唐山大地震的援助者、唐山大地震的援建者尤为关注。调研中，很多唐山大地震亲历者收集了与唐山大地震相关的书籍、画册等，体现出明显的地域特征。正是由于亲身经历，他们对唐山大地震传播的内容有着自己的要求，要求真实、正式和严肃。以电视剧、电影形式展现的唐山大地震内容相对来说传播更为广泛，有的作品在全国范围内影响力较大。但由于媒体自身作为传播主体，对传播内容起到主导的作用，内容由媒体方生产并传递，会受到播出效果、人物情节、戏剧冲突等多方面因素的影响，有时会忽视传

播受众对唐山大地震故事的真实性需求，导致传播效果与预期有所偏差。因此，在全媒体时代背景下，唐山抗震精神的传播要增强受众意识，肯定受众的主体性，注重培育青少年群体，系好青少年人生“第一粒扣子”，抓好唐山抗震精神教育，实现唐山抗震精神真正价值的广泛传播。

1. 尊重受众的主体地位，获得广泛的受众支持

传播的广泛性是指大众传播受众数量大、媒介数量多、覆盖面积广。然而，当前唐山抗震精神的主题传播，具有明显的地域性特征。在全媒体环境下，虽然每一个受众都可以从多种渠道、不同方式获得信息，但受到大数据的识别和内容推送的影响，渠道更偏向于为用户持续推送其曾经搜索或经常观看的内容。因此，唐山抗震精神的相关内容很难形成持续、高效、广泛的传播。想要获得广泛的受众支持，必须尊重受众的主体地位，关注不同受众的内容和特点，满足人群的多元化需求。

首先，坚持媒体的广泛性和受众的广泛性是统一的。媒体的广泛性在于传播媒介的多元化以及各种媒介的组合交互形成的新形式。受众的广泛性在于社会各方的积极关注和广泛参与。全员媒体不仅强调传播主体的全员化，还强调传播对象的全员化。可以说，新闻、影视、文学、科研等各个层面的内容都能够影响不同需求的受众。特别是在全媒体背景下，各个传播客体都进入信息交互的氛围，参与性、互动性都大大提高。在唐山抗震精神传播中充分发挥全员力量，以群众为基础，动员各种媒体，通过融合宣传推动唐山抗震精神在群众中形成传

播热潮，让唐山抗震精神在新的百年更加生机勃勃。

良好的群众基础为唐山抗震精神的广泛传播创造了条件。在全媒体传播理念下，唐山抗震精神的传播要守住媒体的广泛性和受众的广泛性的统一，实现不同年龄、不同地域、不同职业受众的不同需求的全覆盖。如从经历的角度来说，亲历过唐山大地震和地震救援的中老年群体更加喜爱传统的文字的表现形式，因此可以更多地采用书籍、文章、报刊、纪录片、访谈录、电视剧等媒介进行传播，用经典的事迹和人物唤起他们对唐山大地震的历史记忆，激发老一辈历史回忆、讲述历史的热情。对年轻人要充分运用新媒体的传播矩阵，通过短视频、微电影、二次元人物、特效体验等形式进行有针对性的传播，运用喜闻乐见、鲜活生动的方法，努力提高宣传教育唐山抗震精神在没有经历过唐山大地震的年轻群体中的传播力、引导力、影响力和公信力，不断增强内容的吸引力和感染力，让年轻人愿听愿看、爱听爱看、想听想看。例如从职业的角度来说，关注不同职业的人群与唐山大地震的内在联系，特别是军人、医生、教师以及各行各业的产业工人关注其职业内部在唐山大地震中的表现，如医疗救援队的援助、解放军的全力救援、全国兄弟单位的大力援建等。正是由于不同的职业背景，具备不同的知识储备和情感寄托，因此在唐山抗震精神的传播过程中要充分考虑受众的职业差异，有的放矢，将全媒体运用到不同的职业领域。

其次，充分发挥传播过程中受众的主体作用，关注受众的需求。传统主流媒体必须从受众出发，考虑受众的特点，关注受众的需求，认识到受众的主体作用。坚持分众化、差异化传播策略，充分考虑群众的个性化需求。在全媒体时代，人们接触网络信息的渠道变得更加轻松便捷，受众接收信息的渠道越发宽广。只有受众喜爱且需求的内容才会被接收。因此，在唐山抗震精神传播的过程中，要充分发掘不同主体对传播内容、传播形式的个性化要求，实现唐山抗震精神的高效传播。

如唐山大地震的亲历者经历过那段历史，对内容有着客观、真实的理解，因此对内容的真实性有较高要求。只有以实事求是的原则创作出符合历史史实的内容，才能赢得唐山大地震亲历者对历史的关注和对内容的肯定。否则，会因为失真而丧失传播的基础，甚至影响整个唐山抗震精神的传播。所以，在传播的过程中，要尽可能保持唐山抗震故事的真实性和完整性，原汁原味地展现20世纪70年代的历史风貌和人文气息，坚持传播真善美的正能量内容，唱响时代主旋律。而对于没有经历过唐山大地震的年轻人来说，与实际学习、生活、工作相联系的内容更能唤起他们心底的关注，能削弱他们对唐山大地震的陌生感，塑造历史时代感。把故事内容进行多层次的分类，进行个性化的分众传播，让唐山抗震精神更加具有吸引力，受到受众的喜爱与认可。与国家发展、社会发展相连，找到唐山抗震精神的时代价值和社会价值。在充分分析受众需求差异的基础上，赋予其个性化的内容、个性化的渠道，与之相匹配，提高唐山抗震精神传播的针对性，增强唐山抗震精神传播的有效性。

最后，持续扩大传播范围，形成全市、全国甚至全球的唐山抗震精神传播影响力。唐山大地震虽是地域性的灾难，但战胜灾难的精神却有着全人类的意义。这不仅是一场大地震，也是一场大感动、大教育、大激励，是一个国家和民族的宝贵精神财富。在唐山抗震救灾中所形成的伟大精神，已经成为中国人民战胜困难、实现中华民族在新时代伟大复兴的强大精神动力。因此，唐山人民不仅要以家庭为单位传承唐山抗震精神，更要广泛地面向全国民众，弘扬唐山抗震精神，获得全国人民的大力支持。通过全社会的持续性关注、深入性研讨，利用全媒体多层次、多途径地实现广泛性传播。

在持续扩大传播范围的过程中，主流媒体的作用至关重要。充分利用新媒体平台的快捷、新颖，整合传统媒体素材，推出各种形式的全媒体产品。灵活运用报纸、客户端、微信、微博、App等形象鲜活生动的方式方法，增强主动性、掌握主动权、打好主动仗，打造主流媒体实现唐山抗震精神宣传教育的“金字招牌”。唐山官方媒体要做大做强新闻客户端、网站等自有平台，积极开拓微博、微信、抖音、快手等第三方平台，发布相关资讯，积攒各类新媒体用户，有力提升唐山主流媒体在网络上、群众中的综合传播力和影响力。如《唐山劳动日报》可以围绕唐山抗震精神精心筹划，对同一主题内容实现多样化、个性化生产。在报纸平台，强调权威、深度，抓住重大时间节点，精心策划新闻画刊、创意特刊。在新媒体平台，紧跟短视频“风口”，强调流量、创意，抓住与时事热点的联系，制作出令人耳目一新的创意短视频，以其权威生动的形象风格让唐山抗震精神进入千家万户。结合城市宣传，推出《英雄唐山，浴火重生》特刊，以手绘长卷形式再现抗震救灾的奋斗历程。在唐山南湖推出纪念唐山抗震胜利的大型主题灯光秀，推出多点网络直播。同时，围绕展播精心制作海报、高清组图、H5、航拍短视频等系列新媒体产品，通过各平台分发、推送，迅速产生了刷屏效应。

2. 特别关注唐山抗震精神在新一代青少年群体中的传播

青少年是祖国的未来，民族的希望。在全媒体传播时代，青少年也是新媒体传播的重要受众，是唐山抗震精神宣传教育的重点。互联网已经成为新一代青少年学习和生活的重要活动场域，是青少年展示自身形象、拓展社交、交流思想、抒发情感、休闲娱乐的重要途径，是其开展学习、生活内容的重要平台。作为互联网环境下成长起来的新一代，他们善用二次元进行表达，依托抖音、快手等短视频平台和微信、微博等社交平台进行内容的创作与分享。青少年时期也是塑造、形成价值观念的关键时期。因此，在“公而忘私、患难与共、百折不挠、勇往直前”的唐山抗震精神中挖掘对青少年价值观塑造有积极作用的人物、故事，在青少年中形成传播热潮，培养青少年好好学习、不怕困难、积极进取的坚韧品质和心系国家、热爱祖国、服务人民的家国情怀，引导新一代青少年价值观形成具有积极意义。

首先，把握住青年群体的传播特点，聚焦青年人的关切内容，激发情感共鸣。不论是唐山的本地青年人还是来唐山求学、工作的青年人，他们都是新媒体传播的活跃度最高的中坚力量，在内容发表、话题形成、线上线下互动中发挥着重要作用。主流媒体要针对年轻一代受众群体的信息需求特点，积极探索，以全新语态抢占青年舆论场。由于唐山抗震精神的内容宣传具有高度的严肃性，普及形式如瞻仰唐山抗震纪念碑、参观唐山抗震纪念馆和地震遗址公园、观看唐山大地震的相关纪录片等惯性较强，因此易给青年人形成“严肃、高冷、刻板”的固有印象。但是面对全新的传播环境，主流媒体必须与时俱进，保持内容传播的活力，在青年人中形成并持续扩大传播的影响力。

在青年群体中，来唐山求学、工作的青年人，大多只是知道唐山大地震的事件而已，对于历史的细节、救援的情况、重建的过程并不了解。唐山的本地青年人是新唐山建设完成后成长起来的新一代，没有唐山大地震和城市复建的经历，只是从和亲人的交谈中得知一些个体家庭在唐山大地震的经历和故事。因此，就目前而言，一方面，唐山抗震精神在青年群体中的传播是极为有限的。另一方面，在唐山大地震这一特别的内容主题下，青年人很少有主动了解和关注的动机，网络上自发形成的有关唐山抗震精神的传播内容较少，因此很难通过青年人的关注引爆话题热点，成为社会话题。在这样的背景下，要想吸引更多的青年受众形成共情共振，就要找准关注的突破口和情感的共鸣点。

一是强化内容生产的对象意识，找准同青年一代的话语接轨点。主流媒体要积极同各级学校、单位展开合作，进行社会化协同育人，积极搭建唐山抗震精神传播平台。通过与学习、生活、工作紧密联系的方式，如唐山精神开学第一课、唐山精神入职第一课、抗震纪念馆进校园、地震博物馆参观、唐山抗震精神融入课程思政和第二课堂建设、展览演讲比赛活动等内容，构建广大青年与唐山抗震精神的内在联系。将唐山抗震精神融入高校地方文化教学、思政课程教学内容中，将思想政治教育与唐山抗震精神教育相结合，有助于守住唐山抗震精神育人的主渠道，增强特色思政教育的生动性。例如联合唐山各高校策划推出“与后浪对话”活动，倾听唐山新青年的声音，用青年人的视角讲述唐山、感悟唐山、礼赞祖国。将相对严肃的内容与轻松灵动的形式结合，使唐山抗震精神与青年形成有效互动，拉近心理距离，锁住青年视线。同时，要不断创新唐山抗震精神传播方式和途径，拓展唐山抗震精神教育与传播的网络阵地，积极开辟和搭建唐山抗震精神网络教育平台。通过创建宣传唐山抗震精神的网站、微博、微信公众号平台等，将唐山抗震精神的大量相关图片、历史资料、音频视频等内容展现给广大青年。让广大青年意识到唐山抗震精神对城市唐山的重大意义和重要地位，引发青年人对唐山抗震精神的关注，让唐山抗震精神在青年人心中生根发芽。正确引导青年们通过与唐山抗震精神相关的工作实践、专业实践、假期实践、家庭实践等实践活动传播唐山抗震精神，使青年人真正成为唐山抗震精神的积极传播者和有力践行者。

二是强化新媒体平台互动，提升对年轻群体的吸引力。传统的宣传方式多为线下宣传，与青年的客观联系较少。新媒体的传播让唐山抗震精神更容易进入年轻人的视野，获得青年人的关注和认同，延续传播的生命力。唐山大地震和唐山抗震精神的重大主题报道相对严肃，其话题容易与青年受众产生情感与认知上的差距。面对年轻受众，如何向年轻一代靠拢，找准青年人视线聚集点，有效破圈、放大传播，是主流媒体面临的重要考验。既要尊重青年的想法，善于换位思考，灵活运用网言网语，又要努力寻找历史人物与现代青年的精神联通。依托抖音、快手等平台，通过直播、弹幕等互动体验，通过发掘有现实意义、有社会关注度的话题，改变一直以来地震文化传播年代感强、情感沉重、悲伤的基调。

例如，“动物真能预报地震吗？”是一个颇受争议的话题，将大众的原有认知和最新的科研成果结合，会形成思维碰撞，成为大家津津乐道的话题，吸引年轻观众的目光。还可以通过地震亲历者心路历程直播分享、青年人最关注的话题在线征集等活动，实现疏导情绪和正向引导，让有交流感的产品传递情感的力量，激发心灵的共鸣。主流媒体要选取年轻人感兴趣的话题，用触达得到、喜闻乐见的方式创新表达，以受众体验为己任，紧紧锁住年轻人的视线，促进对话交流，让唐山抗震精神在青年中的宣传入耳、入脑、入心。

三是要坚持社会主义核心价值观，引导青年树立正确的价值观念。在传播的过程中，坚持网络正能量，弘扬真善美，摒弃假恶丑，引导青少年树立健康向上的世界观、人生观和价值观。坚持弘扬优秀中华精神文化，传播讲仁爱、重民本、守诚信、崇正义、尚和合、求大同的价值观念，将唐山抗震精神中集中体现的自强、互助、勇敢、坚韧、敬业等价值观念突出体现，构筑好全媒体时代的青少年的精神家园。充分利用主流媒体宣传渠道，开展高校思想政治教育工作，把有关唐山地震历史和唐山抗震精神的宣传内容充分融入大学思政课程和课程思政的教育内容体系，传播唐山抗震精神。如组织学生观看唐山大地震纪录片、唐山抗震英雄采访报道，参观唐山地震博物馆、抗震纪念馆、抗震纪念碑等，开展唐山抗震精神的网络作品征集比赛活动，充分发挥第二课堂的价值，营造唐山抗震精神学习氛围。通过这些内容向大学生全面回顾、系统呈现唐山抗震过程的艰难之路，集中展示唐山抗震救灾及复产重建中的人物和事迹，实现以唐山抗震精神感染人、培育人、引领人，提升青少年的道德品质和价值观念，弘扬社会主义核心价值观，积极传递社会正能量。

其次，注重唐山抗震精神在儿童群体中的传播，让唐山抗震精神从小就在儿童心中生根发芽。儿童是国家最有生命力的群体，他们代表着国家的发展和民族的未来。他们的发展关系着民族和国家的命运，关系着整个人类社会的未来。对儿童的生存发展来说，一个有利于儿童身心健康成长和健全个性形成的环境至关重要。由于儿童身体和心理的不成熟，他们也是最需要关心和引导的人。在全媒体传播的背景下，在儿童成长过程中，家庭、学校、社会三方与媒体深入交互，成为儿童获得信息的最主要的来源，对儿童人格的塑造和价值观念的培养意义重大。因此，传播唐山抗震救灾精神，要特别注重其在儿童群体中的传播。

一是强化家庭文化传承，为儿童提供良好的唐山抗震精神家庭传播环境。家庭文化建设是以家庭为载体，通过建设和谐的家庭氛围，使家庭成员在心理上产生健康、积极的情感和体验，并将这种积极的情感和体验带给家庭成员，形成家庭成员间的互相影响，从而提高整个家庭的生活质量。在社会主义核心价值体系指导下，开展形式多样、丰富多彩的家风建设活动，是加强家庭文化建设的重要途径。唐山抗震精神是唐山人民在抗震救灾、复产重建中体现出来的精神的高度概括，是对唐山大地震中每一个家庭的真实讴歌。普通的唐山大地震亲历者面对突如其来的灾难，展现出与时间赛跑、自救互救抢生命，有衣同穿、有食同享、渡过难关，坚守岗位、舍小家为大家等不平凡的感人举动，是每一个家庭在不平凡经历中的历史记忆。而家庭老一辈的精神风貌、道德品质，是一股巨大的无形的力量，具有极强的亲和力、说服力和感染力，深入儿童内心，潜移默化地影响着孩子，塑造着孩子的人格。在家庭历史的讲述与传承中，让唐山抗震精神从小就在儿童心中生根发芽，深入人心，代代相传。

塑造家庭文化，传承唐山抗震精神，要注重家庭的言传身教。充分利用家庭的历史发展过程，唐山大地震中亲属、邻居、同事的亲身经历，家人之间的亲身感悟，以家庭为单位，用一个个真实的故事实现唐山抗震精神的活态传播。在讲故事的过程中要考虑到儿童的文化水平、理解能力等因素，不仅让儿童能接受、喜欢听；而且要讲得生动、引人入胜，让孩子都能听进去；还要讲得有代表性和启发性，让儿童不仅听得懂，而且听完后能有所启发和思考。

在亲人的亲身经历中实现家风的传承，在故事中认识感悟唐山抗震精神。在孩子幼小的心灵里形成对唐山大地震的初步认识，通过以家庭为单位的讲述，让孩子了解唐山大地震所在时代背景下的人们生活情况、学习情况和工作情况，了解唐山大地震的历史过程，了解唐山人民在全国人民支援下重建新唐山的伟大成就。通过忆苦思甜教育，在家庭故事的传承中感受家庭的发展和时代变迁，体会当下幸福生活的来之不易。通过家庭环境的塑造，在儿童心中埋下传承唐山抗震精神的种子。唐山抗震精神不仅仅是一个符号，还是凝聚在唐山人身上的可贵气质，要真正地传承下去。

二是开展学校教育工作，为儿童创设良好的唐山抗震精神校园传播环境。学校是实现儿童教育的重要场所。通过在学校开展相关教育活动，如地方文化进校园、博物馆与校园共建课程、应急模拟演练等，向儿童传播唐山大地震历史，传承唐山抗震精神，灌输应急自救的知识和技能，让他们在成长过程中逐渐产生对唐山抗震精神的归属感和自豪感，形成应对自然灾害的意识和能力。将唐山抗震精神融入少年儿童思政课教学内容，借助卡通形象的生动表达，增强唐山抗震精神教育的生动性。例如，教师可以带领学生到地震博物馆观看3D纪录片，让学生切身体会唐山大地震救援的不易；进行地方文化专题课程建设和教材建设，将唐山大地震中的经典英雄人物故事写成课文、带入课堂；把唐山抗震精神与动画结合，以经典人物、故事为故事主线，以动画的形式制作唐山抗震精神主题动画片；在拓展课堂引入博物馆课程，将人物虚拟形象或者故事虚拟场景引入课程，借助设备让儿童体验地震的真实感受，增强唐山抗震精神传播的互动性及体验性。通过对教育资源的深入挖掘，开发适合儿童群体的教育内容，实现对儿童唐山抗震精神的熏陶，让唐山抗震精神文化深入儿童内心，潜移默化地提升儿童对唐山抗震精神的认同感。

除此之外，学校教育还可以积极与社会各方开展合作，为儿童提供丰富的、多元的唐山抗震精神传播社会环境。例如，在唐山市教育局的推动下，唐山市各中小学校与唐山地震博物馆、唐山抗震纪念馆、唐山科技馆、唐山市地震局、唐山市应急管理局等相关单位联合共建，推进儿童科普教育的深入。从唐山城市历史、科学知识普及、安全教育普及、唐山抗震精神传承的框架进行开发，打造既有地理科学、安全领域的专业性，又有场景游戏、高级趣味性的校外课程内容。在实施过程中，还要充分考虑到课程研发的系统性和阶段性。一方面，在主框架下，集中所有资源优先开发地震科普和地震应急安全教育，保证内容精益求精，精练成点；创出品牌后，科普主线再逐步引申到火山、海啸、泥石流、核泄漏等系列，构成科普主题，应急安全再引申到溺水、火灾、交通安全等内容，构成应急安全主题，连接成线；主题内容完善后还要配合展览、实地参观等活动，将课程连接成面。另一方面，主题下的课程还要结合学生的年龄特征和理解能力，设置不同的学习级别，在知识深度、校内内容、课程环节、互动方式等方面进行特别设计，保证不同年龄的儿童都能够在内容和级别两个维度做双重课程选择。

（五）构筑全方位、立体化宣传，推动唐山抗震精神的传播取得成效

1. 自上而下制定唐山抗震精神全媒体传播规划

在充分认知全媒体传播理论框架的基础上，汲取以往长征精神、红船精神等较为成功的革命精神传播的宝贵经验，积极探索全媒体时代唐山抗震精神的传播规划。坚持社会主义核心价值观的文化引领作用，做好以信息技术革命和科技革命为基础的文化传播媒介的融合，加强文化内容的创新和融合，发展多样化的唐山抗震精神文化载体，明确唐山抗震精神的全媒体传播总体方略，构建全媒体唐山抗震精神的传播体系。

一是要搭建全社会参与的协作平台。政府部门要加强组织与领导，将唐山抗震精神的传播纳入文明城市建设的总体规划，充分发挥综合协调作用，整合各类文化资源，调动社会

各方力量，形成政府牵头宣传主导、媒体单位协同推进、科研单位研究支撑、社会各界共同参与的唐山抗震精神全媒体传播协作平台。创新唐山抗震精神传播策略，增加参与各方的互动性，由点及面，形成唐山抗震精神多方线上线下的联动。不仅能够获取更多注意力资源，而且能够加强民众与唐山抗震精神的密切联系，从而形成对唐山抗震精神的高度认同。通过多个平台的协同做出传播贡献，形成唐山抗震精神的多平台、系统性、协同性传播。借助平台间的环环相扣，帮助受众适时重拾记忆，实现受众在媒介间的自由流动。

二是要结合唐山的地域文化特征，以文化、经济、旅游为载体，创新唐山抗震精神的文化宣传。深入挖掘唐山抗震精神的文化内核，拉近抗震文化与当代受众的传播距离，充分体现唐山抗震精神在不同历史时期被赋予的内涵和展现出的不同历史风貌。立足舆论生态和媒体格局，嵌入新时代中国特色社会主义话语体系和中华文化传播话语体系，坚持正确舆论导向，以唐山抗震精神的内容为根本，以先进的信息技术为支撑，明确传播任务、传播主体、传播客体、传播内容、传播方式、传播渠道和传播效果，积极借鉴国内外地域文化传播的成功经验，结合唐山抗震精神的文化特色，做好唐山抗震精神全媒体传播的顶层设计。

三是要以重点对象作为传播突破口，以点带面。唐山抗震精神的全媒体传播要以机关和企事业单位工作人员、党团员、在校学生为特定突破口，将唐山抗震精神与党员教育、团员教育、学校教育结合起来，改善以往单向的宣传教育方式，融入全效媒体信息服务、社交分享、文化创意、习俗构建等功能情境，提高唐山抗震精神的传播效果。如在“7・28”唐山大地震纪念日开展多种形式的公祭活动，通过唐山新青年在网络发起在线公祭、微博话题讨论等活动，祭奠遇难同胞、缅怀抗震英雄，将文明公祭活动构建成为新的社会仪式，将唐山抗震精神的传承深入民众的意识与生活；组织大学生合唱团唱响唐山抗震精神，依靠大学生群体联动成千上万的网友，通过朋友圈转发，吸引众多网友围观、留言、点赞，扩散与唐山抗震精神相关的新闻报道和新媒体产品，提升唐山抗震精神传播活动的宣传效果与幅度范围。

2. 发挥典型人物报道的引领作用，输出彰显唐山抗震精神的经典素材

在众多的传播内容中，最易被大众接受、最具说服力的就是典型人物和故事。典型人物反映出特殊事件下的时代精神，他们表现出来的精神特质是时代精神的集中体现，能够体现社会的主流价值观念。用具有代表性的个人或群体来反映一个时代所面对的问题与解决方案，具有独特的历史价值。可以说，做好典型人物的报道是主流媒体的责任和任务，也是坚持正面宣传、弘扬主旋律、传播正能量的关键。

要把典型人物报道好，要在内容上下功夫。全面寻找体现唐山抗震精神的优秀素材，并把他们放在所处的时代环境中考察其蕴藏的意义，找到他们的“精神坐标”。因此，典型人物

的报道要注重挖掘人物身上充满时代光辉的故事，使其成为时代精神的重要载体，成为人民群众想学、可学、能学的时代榜样。围绕“公而忘私、患难与共、百折不挠、勇往直前”16个字，推出唐山抗震救灾系列人物记录，就某一人物的某一特点如直面灾难、舍家为公、为民情怀等展开深入报道，并同新时代结合起来，发挥契合效能，使内容贴近社会、贴近生活、贴近群众，推动唐山抗震精神深入人心，培养具有唐山抗震精神的“守国人”。但由于时间的流逝，很多亲历者老去或离世，留下的音频资料或视频资料极为有限。为了打动观众，可以利用微电影、微话剧等演绎方式，或者智能图像、智能语音、认知智能等现代先进媒体技术，打造逼真的模拟场景，形成具有生命力和创新力的宣传。借助镜头刻画出人物的真情实感，配合充满感情的文字，展示典型人物的丰富情感和动人故事，激发受众的共情。如推出唐山抗震英雄人物系列：震不倒的旗帜——唐山地市委、最可爱的人民子弟兵、救死扶伤的白衣天使、特别能战斗的开滦工人、最温暖的陌生人等人物系列，对解放军过家门而不入、把食物让给灾民，救援医生献血、争分夺秒救生命，母亲用生命守护孩子、来自陌生人的希望等吸引人、感染人的真实故事进行深度挖掘，通过充沛感情的细节刻画，直击人心，引起共鸣。

以鲜活的故事来表现人物，是典型人物报道的常用方法。要讲好故事，不仅要选取最具代表性的事例，例如自强不息的奋斗历程、攻坚克难的经过、默默奉献的事迹等，更要深入挖掘故事背后人物的心理活动、心路历程，让故事变得更加真实、丰满，更具有吸引力和感染力。在唐山大地震的千千万万个抗震英雄中，李玉林最富传奇色彩。他飞车直奔北京，第一时间向党中央报告地震灾情，为党中央部署抗震救灾赢得了宝贵时间，为抢救千万同胞的生命安全做出了突出贡献，但他也有自己的遗憾。从他撰写的回忆录《我的六十年》里，我们感受到那个时代的社会风尚和思想境界。英雄人物李玉林的事迹也深刻阐释了唐山抗震精神中不惧艰难、不屈奋斗、顾全大局、牺牲奉献的精神。对于典型人物的报道，也要树立全媒体思维，实现流程再造。如在每年“7·28”纪念日前后，以全媒体角度从报道策划、前方采访、后方编辑、平台发布，全程指挥，全流程调度等环节发力，以新颖视角和独特内容抢先获得关注唐山抗震精神受众的用户流量。依托报、网、端、微、视，多个部门密切协同，多角度呈现立体内容，实现不同年龄、不同需求受众的信息全覆盖和立体式传播。以《唐山劳动日报》为例，可以集合报纸、网站、两微一端、视频号、抖音号等全媒体矩阵同时发力，利用文字、短视频、图片、海报等报道形式，实现联动传播，最大限度扩大报道的影响力。在对特别人物的宣传报道中，推出多条视频，配合公众号文章进行宣传，同时刊发视觉整版，以大幅照片展示抗震英雄的风貌。

3. 关注传播效果，实现由感性认识到理性认识再到指导实践的意义

唐山抗震精神内涵丰富，历久弥新。以全媒体的形式进

行传播，通过联合各方主体、融合多维媒体、扩展传播渠道，在全社会形成浓厚的学习和传承唐山抗震精神的氛围，潜移默化地将唐山抗震精神植入大众的精神层面，充分发挥精神的引领作用。运用先进的传播技术和手段增强文化的吸引力和表现力，创新文化传播发展模式，运用多种多样的形式扩大唐山抗震精神的影响力，激励和引导人民奋发图强，为建设中国特色社会主义事业和实现中华民族伟大复兴而奋斗。

首先，唐山抗震精神的传播不能仅仅停留在对受众进行精神理论宣讲、英雄人物宣传、抗震文化教育等感性认识的层面，如参观地震遗址、观看相关电影等，而是要加深人们对唐山抗震精神内涵的认知，使认知主体由感性认识升华到理性认识，强化唐山抗震精神的传播效果。从传播者角度来说，唐山相关宣传部门要充分认识到唐山抗震精神传播的重要作用。政府在精准地把握了社会大众的心理诉求和价值观念后，着力做好唐山抗震精神的宣传普及工作，在宣传视角上进一步贴近群众生活，使之与民众精神的需求相适应。从受众角度来说，要增强受众对于唐山抗震精神的归属感和认同感，通过受众的认同而提升传播效果。个人愿意通过自媒体平台为唐山抗震精神发声，愿意借助微博、微信、直播等方式自发地传播唐山抗震精神，实现唐山抗震精神的传承。不仅对唐山抗震精神的宣传起到了载体作用，并且还为相关历史提供了一种全新的记载方式。

其次，充分发挥唐山抗震精神中的发展特质。深入理解唐山抗震精神中蕴含的科学内涵，将公而忘私、患难与共、百折不挠、勇往直前的思想恰当地运用到当下事业发展之中。深刻领会唐山抗震精神的核心价值及现实意义，继续发扬齐心协力、不怕困难、勇于开拓、不断探索的精神，助力乡村振兴和美丽中国建设。抓住合适的时间节点，策划合适的热点话题，拉近唐山抗震精神与群众的心理距离。通过全媒体的传播，走进历史深处，实现时空“破圈”；走进人民心间，实现话题“破圈”；走进思想高地，实现理论“破圈”；坚持融合创新，实现传播“破圈”。

参考文献

［1］王克勤主编．唐山城市建设志［M］．天津：天津人民出版社，1992.

［2］唐山市政协文史资料委员会编．唐山大地震百人亲历记[M]，北京：社会科学文献出版社，1995.

［3］王子平，孙东富主编．地震文化与社会发展：新唐山崛起给人们的启示［M］．北京：地震出版社，1996.

［4］王子平．灾害社会学［M］．长沙：湖南人民出版社，1998.

［5］靳宝峰，孟祥林主编．唐山市志［M］．北京：方志出版社，1999.

［6］金大陆．上海救援唐山大地震·口述实录卷［M］．上海：上海文化出版社，2016.

［7］姜德辉，王士立．唐山历史会要［M］．香港：香港文学报社出版公司，2018.

［8］王素女．唐山大地震往事［M］．北京：新华出版社，2018.

［9］何云庵，胡子祥．抗震救灾精神［M］．北京：中共党史出版社，2019.

［10］亲切的关怀　巨大的鼓舞　强大的动力［N］．唐山劳动日报，2016-08-02.

［11］罗旭，张哲浩，周晓菲．中国革命走向辉煌的力量之源［N］．光明日报，2021-08-03（005）.

［12］王子平，王晓田．唐山抗震精神的时代内涵［J］．防灾博览，2006，（03）.

［13］杨立元，杨春，杨扬．唐山抗震精神中的廉洁文化及现实意义研究[J]．唐山师范学院学报，2018，40（04）.

［14］杨立元，杨春．唐山抗震精神是中华民族精神的重要体现[J]．红旗文稿，2019，（13）.

［15］杨春，杨立元，杨扬．论唐山抗震精神与李大钊担当精神的关系及表现［J］．唐山师范学院学报，2019，41（05）.

［16］曾文友．唐山地委“震不倒”旗帜［J］．党史博采，2022（07）.

［17］程才实．唐山抗震精神表述的演进过程［J］．中国减灾，2023（06）.

［18］秦正为．习近平总书记与红船精神［J］．党政干部论坛，2023，（01）.

［19］徐露，周振．浅析唐山地震文化的新媒体宣传创新发展研究[J]．传播力研究，2019，3（30）.

［20］徐露．唐山地震文化新媒体开发路径研究［J］．佳

木斯职业学院学报，2020，36（02）.

［21］徐露，沈芝. 新媒体环境下唐山地震文化的宣传和开发［J］. 新媒体研究，2021，7（14）.

［22］徐露. 文化赋能唐山市夜间经济高质量发展研究［J］. 中小企业管理与科技（上旬刊），2021，（09）.

［23］徐露. 唐山地震文化旅游的跨界开发分析［J］. 唐山师范学院学报，2021，43（01）.

［24］徐露. 唐山大地震口述史研究的实践与价值［J］. 兰台内外，2022，（23）.

［25］徐露. 唐山抗震精神融入高校思政教育的现实路径研究［J］. 河北能源职业技术学院学报，2022，22（04）.

［26］徐露. 唐山大地震文献暨口述史料的收集、整理与研究实践［J］. 兰台内外，2022，（22）.

［27］徐露，王碧瑜，晁子茜，等. 唐山大地震口述史研究的现状与意义［J］. 唐山师范学院学报，2024，46（04）.

后记

1976年7月28日凌晨3时42分，唐山发生了7.8级强烈地震。沉睡的唐山在大地的咆哮中醒来，百年工业城市瞬间被夷为平地，成为永远的历史记忆：唐山大地震。时至今日，唐山大地震已经整整过去了48年，这座浴血重生的凤凰城已经在废墟上发展为一个现代化的美丽城市。虽然唐山大地震的故事已不再被常常提起，但唐山抗震精神早已镌刻进这座城市的血脉中。

作为一个“85”后，我没有经历过那场灾难，也没有经历过那个年代。儿时，“唐山大地震”对我曾是一个遥远和模糊的概念，闭上眼睛，唐山抗震纪念碑似乎就能承载与它有关的全部记忆：有“7·28”纪念日全校师生集结纪念碑前缅怀致敬的身影，有父母对着纪念碑浮雕讲述抗震故事的背影，有小朋友在纪念碑前恣意玩耍的身影。外地求学的时候，当有人问我来自哪里，我总是自豪地说：唐山。而大家对唐山的第一反应通常是“发生唐山大地震的唐山吗？”这时的我才意识到，“唐山大地震”已经成为唐山独特的历史标志，它深深地烙印在每一个唐山人身上。

因缘际会，2015年我参与到上海医疗队救助唐山大地震的采访工作中。当他们把尘封的记忆徐徐打开时，不论是已经耄耋之年的老人，还是震时仍是懵懂无知的孩童，每一个场景都历历在目，每一个名字都记忆犹新。走近他们，让我感受到了铭记一生的力量。我既为老一辈所经历的灾难和苦痛难过着，又敬佩着他们面对天灾的乐观、勇敢和坚强，更深深感激着全国人民支援唐山的无私与无畏、大勇与大爱。也正是在长期收集相关文献资料、聆听亲历者讲述大地震经历的过程中，我发现虽然近些年来与唐山大地震相关的研究从未停止，也取得了丰硕成果，但成果的实际传播和利用却十分有限，没有发挥出真正的价值。多少珍贵的史实湮没在文献资料之中，多少感动的记忆埋藏在老一辈心里。

在这样的背景下，我们成立了唐山抗震精神全媒体传播课题组，传承唐山抗震文化，传播唐山抗震精神。本书是作者2021年承担的河北省社会科学基金项目成果，项目名称：唐山抗震精神的全媒体传播建构研究，项目编号：HB21MK007。历时四年，从全新的角度结合时代背景对唐山抗震精神进行解读，形成了这本著作。寄希望于它用史实传递唐山抗震精神的内涵，展现唐山抗震精神的时代特征，形成新时代鼓舞人心的鲜明感召力量。通过全媒体传播体系，完成老一辈与年轻一代的跨时空对话，赓续唐山抗震精神的根与魂，让“公而忘私、患难与共、百折不挠、勇往直前”的唐山抗震精神在每一个中国人的热血中流淌。幸运的是，本书撰写得到了众多学者的帮助和启发。尤其感谢沈芝、曾文友、程才实、李九燕、刘永海前辈们对本书创作提供的热情指导和无私帮助。同时在河北省档案馆、唐山档案馆、唐山地震博物馆、唐山抗震纪念馆收集资料，对此一并致谢！

徐露

2024年10月28日